「戦争」を知らないあなたへ

奥薗　守

栄光出版社

はじめに

私が太平洋戦争での敗戦を迎えたのは、中学一年のときですから実戦の経験はありません。朝鮮にいましたから空襲にあったこともありません。それでいながら戦争はしてはならないと思うようになったのは、如何に戦争は悲惨なものか、体験した方々の本を読んだからです。戦争は悲惨で残酷だからこそ、日本は憲法第九条で〔戦争の放棄〕を明記したのです。しかも、第九九条で国務大臣、国会議員の〔憲法尊重擁護の義務〕を設けています。ところが、これまで自公政権は九条を無視して、武器を買いあさり、義務を怠るばかりか、「秘密保護法」、「共謀罪」そして、「安保3文書」を閣議決定して、戦争のできる国につくりあげてきました。そして、岸田首相は、「国民の命と我が国の領土・領海・領空を断固として守り抜くため、5年間で43兆円の防衛力整備の水準を確保し、防衛力の抜本的強化を速やかに実現します」と、国会で堂々と演説する始末。戦争は殺すか殺されるかで、命を守り抜くことは出来ません。

九二年前、加藤友三郎首相は、「国防は、国力に相応じる武力を備うると同時に、国力を涵養し、一方外交手段により、戦争を避くることが目下の時勢において国防の本義と信じる」と演説したのです。念のためですが、日本国憲法が発布されていない時代です。

岸田首相は、「防衛力」を強調していますが、どこの国が攻めてくるのでしょうか。北朝鮮でしょうか、ロシアでしょうか。それとも、中国なのでしょうか。ロシアと北朝鮮の両国首脳は、〈攻撃を受けたら支援〉と戦略条約に署名したと伝えられています。攻撃してくると予想している国とは加藤友三郎の言う「外交手段により、戦争を避けること」が第一ではないのですか。いかなる〝少子化対策〟をとろうとも、いかなる〝経済対策〟をとろうとも〝敵基地攻撃能力〟とは両立しません。かつて〝産めよ増やせよ、子は宝〟と言って産んで育てた子、育って〝学業に励んで〟いた子たちは、戦争に行って殺されたのです。戦争に行かなかった人たちは、空から爆弾が降ってきて殺されました。

私は現在、九二歳。杖をついて歩いています。走ることが出来ません。耳が遠くなり、人の話も補聴器をつけないとよく聞き取ることができません。物忘れもひどくなりました。読めない字は辞書をひきますが、翌日はもう忘れています。今、私に出来ることは本を読むことと、書くことだけです。丹羽宇一郎は、「戦争を知らない時代に生まれた我々の出来ることはただ一つ、戦争の真実を知ること以外にない」と言いました。そこで思いついたのが、私がこれまで読んだ本を列挙していけば、読んだ方は「戦争は嫌だ」「戦争は、してはならない」と思うのではないかと。それが、この本を書いた動機です。前に書いた「戦争と憲法の見方・考え方」と共通していますので、改訂版といっていいでしょう。

この本には、多くの方々が書いた本の一部を引用させて頂いています。それらの本のなかには、三百ページに及ぶ本もありますが、殆ど二百ページ前後です。引用は、そのうちの一頁もありませんので、理解できないとか、奇怪しいと思われる方はその本の出版社も明記していますので、是非その本をお読みいただけたら幸いです。引用させて頂いた本の書評を載せたのもありますが、それらはすべて朝日新聞の書評欄に掲載されていたものです。本の著者が他界された方もいますが、言葉は生きていますので引用させて頂いています。なお、本文中、敬称を省略させて頂きました。

目次

第一部　戦争

第一章 「戦争」の悲惨さ

「戦争」とは、国家間において互いに意見を相手国に強制するための武力抗争といわれていますが、端的に言って「殺し合い」です。婦女子、老人は殺されるだけです。むのたけじは、「戦争って一晩で十万人死ぬんですよ、あんた。誰がそれを助けるの。ようするに、戦争が起こってしまえば助けようがない。本当に国民の安全を守ろうと思ったら、戦争やっちゃ駄目なんだよ」と。そのやってはいけないことを日本はやってきたのです。

まず、日清戦争があります。一八九四年、朝鮮で大規模な農民の反乱が起きます。反乱の中心になったのは、東学党という団体でした。その反乱の鎮圧に朝鮮政府の要請を受けて、清朝が出兵します。日本は、日本人居留保護を口実に出兵しました。これに慌てた朝鮮政府は、東学党と和解して両軍の撤兵を要請します。しかし、朝鮮の支配権をめぐって清国と日本は睨み合いを続け、遂に日本は清国に宣戦布告しました。

多くの兵は、出征するまでは純粋な農民であり、国家や国際政治に無関係な存在であった。こうした無辜の民を兵士として動員した戦争は、彼らを大きく変貌させていく。長期間の戦地生活と、たびかさなる戦闘を体験していくなかで、生死の極限は日常化し、自らの死と敵兵の殺害を恐れていた人間性は喪失していく。

と、檜山幸夫著「日清戦争　秘蔵写真が明かす真実」（講談社）に書かれています。人間性を喪失した兵は、非戦闘員の婦女子、老人を含む市民を虐殺します。日清戦争では、旅順攻略の際に起きた「旅順虐殺事件」があります。

一八九四年一一月、旅順港を占領した日本軍は、四日間にわたり約六万人の民間人を虐殺したという説もある。日中戦争で起きた南京大虐殺の前兆であった。この事件に触れた「ニューヨークワールド」紙は、一八九四年一一月二八日の記事で「日本は文明の仮面をかぶった野獣」と非難した。

との記述は、李盛煥著「近代日本と戦争」都奇延・大久保節士郎共訳（光陽出版社）です。藤村道生著「日清戦争～東アジア近代史の転換期～」（岩波新書）には――

一一月二八日付の『ニューヨーク・ワールド』は旅順の日本軍は陥落の翌日から四日間、非戦闘員、婦女子、幼児など約六万人を殺害し、殺戮を免かれた清国人は旅順全市でわずか三六人に過ぎないと報道した。『ワールド』は「日本は文明の皮膚を被り、野蛮の筋骨を有する怪獣なり。日本は今や文明の仮面を脱し、野蛮の本体を暴露した」と糾弾した。旅順から日本にたちよった『タイムズ』通信員は、陸奥外相に日本軍は捕虜を縛ったまま殺害し、平民とくに婦人まで殺したのは事実である、これは各国の特派記者や東洋艦隊の士官、イギリス海軍中将まで目撃していると強調し「日本政府の善後策如何に」と質問した。この報道は全世界に転電され、日本軍国主義の残虐性は世界のすみずみまでつたえられた。

一方、渡辺惣樹著「朝鮮開国と日清戦争　アメリカはなぜ日本を支持し、朝鮮を見限ったか」（草思社）には、現地にいたオブライエン大尉からダン公使に寄せた報告書が掲載されています。

二一日の日本軍の行為に対しての言い訳になりそうですが、彼らの気持ちは理解できないこともありません。清国兵による残虐行為があったからです。市内の入口付近の灌木に日本人捕虜の首が吊り下げられていたのです。これが日本兵を怒らせたことは間違いないでしょう。もう一点は、日本軍は旅順市内での抵抗は相当に激しいものになると覚悟していたことです。市内や周辺の要塞の攻略がこれほど容易だとは思っていなかったのです。拍子抜けした兵士たちが不要な殺害に走ったのです。

そして、〈いずれにしても、誇張された報道がなされたことは間違いありません。本官自身、当該記事を見ていないので、これ以上の論評はできません〉と、報告書は続いています。この日清戦争は、一八九五年四月一七日に講和条約（下関条約）が締結されて終わりました。〈参謀本部が編纂した公式の戦史によれば、一八九四年七月二五日から九五年一一月一八日までの陸軍の戦死者は一万三四八八人、傷病者総数二八万五八五三人でした。死者自体は少ないともいえますが、傷病者が実に多いですね〉と、加藤陽子は著書「それでも、日本人は戦争を選んだ」（新潮文庫）に記しています。

次に一九〇四年、朝鮮・満州の支配をめぐって、日露戦争がはじまります。当時のロシア海軍は、旅順艦隊とバルト海にあったバルチック艦隊を合わせると、日本海軍の倍近い戦力がありました。そのため、バルチック艦隊が極東に到着する前に、旅順艦隊を撃滅する必要があったのです。そのためには、旅順攻略は必須条件でした。しかし、一次、二次の総攻撃によっても旅順は死屍累々で落ちません。三次攻撃で目標を二〇三高地に変えて攻撃し、ここを攻略したことによって旅順攻略が終了しました。そして、日本海海戦でバルチック艦隊を破り日本は勝利したのです。この戦いでの戦死者は約八万四〇〇〇人、戦傷者約一四万三〇〇〇人と言われています。

それから十年経ずして、一九一四年にオーストリアの皇太子夫妻がボスニア・ヘルツェゴビナ共和国の首都サラエボで暗殺されたのをきっかけに第一次大戦が勃発しました。ドイツ、オーストリアを中心とした同盟国とイギリス、ロシア、イタリア、日本などの連合国との戦いでした。

戦いは四年間続きましたが、それまで中立を保っていたアメリカが参戦し、連合国が勝利しました。そして、大戦を終結させるためにパリで講和会議が開かれました。その会議では、対ドイツ平和条約が検討され、国際連盟の規約が審議され、パリのヴェルサイユ宮殿で条約の調印が行われました。

第一次世界大戦で特徴的なことは、大砲が前線に配置され、機関銃など大量殺戮兵器が使われたことです。毒ガスも多用されました。また、軍人だけでなく、一般市民を巻き込んだ総力戦となり、広範な犠牲を出す戦争になったのです。具体的に一九一四年から四年間に動員されたヨーロッパの兵士六〇〇〇万人のうち、八〇〇〇万人が戦死、七〇〇〇万人が身体障害者になり、一五〇〇万人が重傷を負ったといわれています。

こうした悲惨な戦争は二度とすべきでないと、アメリカ、イギリス、ドイツ、フランス、イタリア、日本といった当時の列強諸国をはじめとする一五カ国が、不戦条約に署名し、その後、ソビエトなど六三カ国が署名しました。パリで署名したので「パリ不戦条約」と言われていますが、フランスの外務大臣ブリアンから、アメリカ合衆国国務長官ケロッグに出した書簡から端を発したことにより、ブリアン・ケロッグ協定とも言われています。戦争放棄に関する条約は――

第一条（戦争放棄の宣言）締結国は、国際紛争解決のために戦争に訴えることを非難し、且つ其の相互関係に於いて国家の政策の手段として戦争を放棄することを其の各々の人民の名に於いて厳粛に宣言する。

第二条（戦争の平和的解決義務）締結国は、相互間に発生する紛争又は衝突の処理、又は解決を其の特質又は原因の如何を問わず、平和的手段以外で求めないことを約束する。

日本は常任理事国ですから賛成はしていますが、一つ問題がありました。それは、第一条の〈人民の名に於いて厳粛に宣言する〉という箇所です。というのは、そのときの「大日本国憲法」では「天皇が国の主権者」で、〈第一条　大日本国憲法は万世一系の天皇之を統治す〉にはじまり、天皇についての条項は第一七条まであります。つまり、〈天皇の名において厳粛に宣言する〉ならいいのですが、〈人民の名において厳粛に宣言〉されては困るのです。そこで、〈人民の名において〉は、〈日本政府の保留条項〉をつけて批准にこぎつけたのです。

ところが、一九三一年には、中国の柳条湖の満鉄線路を何者かが爆破した満州事変が起きます。この鉄道爆破は、関東軍が行ったものでしたが、中国軍によるものとして武力攻撃を開始しました。その翌年、撫順炭鉱が抗日ゲリラに襲われた際、抗日ゲリラが平頂山村を通過するのを日本軍に通報しなかったのは、抗日ゲリラに通じているとして、子供から老人まで三〇〇〇人余りの村民を、一カ所に集めて機関銃で虐殺した「平頂山事件」が起きます。

それから五年後の一九三七年、盧溝橋で日中両軍が衝突、日中戦争が始まります。この戦争の最中、一九三九年五月一一日に満州と外蒙との国境付近ノモンハンで、外蒙と満州国軍とが国境線をめぐり武力衝突しました。満州国の後ろ盾となったのは関東軍で、モンゴルにはソ連がつきます。日本は、日中戦争の最中です。参謀本部としてはソ連に宣戦布告して全面戦争に持ち込む余裕はありません。そこで、関東軍に自粛を求めますが承知しません。そこで「ノモンハン事件」と呼びましたが、戦争であることには変わりありません。伊藤桂一著「静かなノモンハン」（講談社）には——

戦車群は、私たちの部隊の抵抗が尽きると、あたりを走りまわって、少しでも動く影をみつけると、機関銃を浴びせてきました。はじめのうちは、対戦車戦を闘っていた者も、刻々に死に絶え、あとは、隠れ込んで、戦車群の立ち去るのを待つしか方法はなくなりました。ノモンハンの戦場に出動して来て以来、私は、これほど無残な犠牲を生んだ戦闘をみたことはありません。

ノモンハン事件に参戦した加藤馨は「他言してはいけないから誰にも言いませんでしたが、ノモンハン事件は日本軍の大敗です。日本軍は（戦死傷者が）二万人、やられたんです。全然勝ち目がなかった。というのもソ連軍装備が日本軍と全然違って、最新鋭だったからです。たとえば戦車でも装甲が厚くて、日本軍が戦車を攻撃する速射砲の弾丸では、あたっても凹むぐらいでした。ソ連の戦車がまいらないから、（日本軍は）戦いようがないわけです。それで（日本軍は）撤収し、ソ連とモンゴルの軍隊も満州に攻め込まなかったから助かった」

と。一方、負傷した兵は、野戦病院に着けば、手厚い看護をうけられると思っていたのが、戦場よりも、さらにひどい阿鼻叫喚の世界だったと。手や足を失っている者は、止痛剤もないので、その痛さのために、殺してくれ、殺してくれ、といってせがみつづけ、どこもかしこも呻き声に満ちていて、凄惨な空気だけがこの一郭を占めていたと。結局、日本は大敗し、国境線はモンゴル人民共和国の主張どおりとなったのです。失ったのは人命で、得たものはありません。この間も、日中戦争はつづいています。この戦争では、中国が名付けた日本軍の「三光作戦（殺し尽くす。焼き尽くす。奪い尽くす）」によって多くの中国兵や市民が殺されています。

私たちが小学校に入学して、歌った唄は——

♪今日も学校に行けるのは
　兵隊さんのおかげです
お国のために　お国のために戦った
　兵隊さんのおかげです

と。兵隊さんは、天皇陛下のために戦い、敵の弾に当たって死ぬときは「天皇陛下万歳」と叫んで死ぬと聞かされていました。小学一年生の国語の教科書の最初のページには、「サイタ　サイタ　サクラガサイタ」「ススメ　ススメ　ヘイタイススメ」と書かれていました。そして、三年生になると「教育勅語」を暗記させられました。「教育勅語」とは、教育に関する明治天皇のお言葉で、今でも諳じています。この「教育勅語」は、「奉安殿」というところに普段は納められていました。この「奉安殿」の前を横切るときは、立ち止まっておじぎをしなければなりません。コンクリート造りにしているのは、火事にあって焼失の責任をとって校長が自殺したり、身を挺したりする殉職事件があったからです。くわしくは、高橋陽一著「くわしすぎる教育勅語」（太郎次郎社エディタス）に書かれていますが、同書を本田由紀は、＜滑稽にみえながら、悲惨を招いた教育勅語。それはもはや静かに葬られるべき過去の遺物でしかない＞と評しています。しかし、大阪にあった森友学園が経営する塚本幼稚園では、意味が分かるはずもない幼稚園児に「教育勅語」を朗読させていたのです。これを安倍昭恵は、すばらしい教育と絶賛しました。この「教育勅語」について、下村博文は「中身はしごくまっとうなことが書かれている」と発言し、柴山昌彦は「アレンジして道徳に使える普遍性がある」と。松野博一は「教師に一定の裁量が認められるのは当然」と。稲田朋美は「核の部分は取り戻すべきだ」と言いました。

「核の部分」は「国のために死ね」ということです。中学校に入ると軍事教練があります。そして、小学生の時に「サイタ　サイタ　サクラガサイタ」が、中学生になると、「咲いた花なら、散るのは覚悟……」の歌詞に連動してくるのです。そして、軍隊に入って人を「殺す」実施訓練がなされます。人を殺す訓練は普段ワラ人形を使って行いますが、ワラ人形の代わりに生きている人間、つまり捕虜をワラ人形の代わりにすることがありました。

ある日、黒田さんたち初年兵が銃剣突撃の訓練のために集合すると、目隠しされた中国人らしい男性がいた。上官が2人の初年兵に命じ、この男性の両脇をつかませ標的の位置に立たせた。

上官は黒田さんたち初年兵に向かって「突け」と命令した。だが、初年兵たちで進んで刺殺しようという者はいなかった。そこで上官は具体的に指名することにした。

そして最初に指名されたのは黒田さんであった。もはや、やるしかない。

前進、前進、後ろ、後ろと号令に従って動いていると中国人捕虜が目の前に立っていた。上官から「突け」の命令が下る。黒田さんは訓練どおりに、心臓めがけて銃剣を突き入れ、すぐ引いた。

「意外なことに血が出ませんでした」


と書いているのは、丹羽宇一郎著「戦争の大問題」（東洋経済新報社）です。石山久男＋『学習の友』編集部編著「戦争ってなんだ？　証言が伝えるアジア太平洋戦争」（学習の友社）には――

三人目ぐらいに私の番が回ってきて、銃剣を突き刺しました。足はもつれ空中を歩いているようでした。初年兵の多くが急所をはずしてしまい、二度三度突き刺すので彼らは蜂の巣のような状態になり、あたりは血の海です。心臓をねらっても肋骨にぶつかりなかなか当たらないのです。『腹を刺せ、腹を』と命令されました。怖いし、メチャメチャに刺しました。訓練のために人殺しをしたのです。

人を殺すには、「可哀相」だとか「思いやり」などがあっては、人は殺せません。そのため、軍隊生活では、人間性を削ぎ落とすため私的生活の一切を奪いとります。朝起きるのも、集合も、夜寝るのもラッパの合図です。夜寝ていても不寝番が回ってきて監視しています。便所に行くのも「〇〇二等兵は厠（便所）に行ってまいります」と上官に申告していました。排泄まで管理されるのです。こうして、考えることを奪い、命令に絶対服従の人間を作り上げていきます。そのための暴力は日常茶飯事です。川崎春彦の著書「日中戦争　一兵士の証言」（光人社）には――

日がたつにつれ、訓練は厳しさを増し、終礼後は魔の時間となった。週番ではなく今度は班長が、最初は可愛がってやるからにはじまり、撫でてやる手の平から、気合いを入れるゲンコツと、次第に強い殴り方に変わり、一カ月後には個人でなく、集団か班全員の共同責任に移行していった。

「お前たちの一人や二人死んだりしても、代わりは一銭五厘でいくらでも来るんだ。甘えるでねえぞ！」

当時のハガキの値段にたとえて、兵隊は一銭五厘と呼ばれた。消耗品だと考え、人権などないに等しく、こんな考えがまかりとおった。

こんな暴力が毎日つづけば、鼻血を出す者、耳の鼓膜が破れたり変形する者、唇が切れる者、腕や腰の骨を痛める者など、故障者が続出した。一期の訓練が終了するときまで、五体満足で維持できるのかと、心配になるほど恐怖の連続の日々であった。

私的制裁によって、死亡した初年兵もいました。この場合、公文書の偽造が行われたといいます。暴力に耐えきれず、自ら命を絶った兵もいました。

毛利恒之著「ユキは十七歳特攻で死んだ　子犬よさらば、愛しきいのち」（ポプラ社）のなかに、元教師の上野歌子さんから聞いた話として——

戦時中、高等女学校の生徒だったとき、痛ましい無残なものを見たというのです。
——幼い弟をつれて裏山に登ったとき、モズの鳴く紅葉した山中で、異様なものにぶつかった。それはカーキ色の軍服を着ていた。木の枝になわをかけて首を吊り、木々の葉がさわさわと風に鳴るなかで、そこだけが時間が止まったように動かなかった。
うわさでは、大刀洗飛行場の陸軍航空隊から制裁に耐えかねて脱走した少年兵だということだった——。

これは、作り話ではありません。上野さんが目撃した事実です。

小銃の銃口を口にくわえ、あるいは頭部などに向けて、足の親指で銃の引き金を引いて自殺した兵もいたようです。吉田裕著「日本軍兵士―アジア・太平洋戦争の現実」（中公新書）によると――

そもそも陸軍および海軍には、アジア・太平洋戦争開戦前から自殺者が多かったという分析がある。一九三八年の論説、憲兵司令部「最近における軍人軍属の自殺について」は、陸海軍の軍人・軍属の自殺者は、毎年一二〇人内外、最近一〇年で一二三〇人に達しているとして、「右の人数は軍人、軍属十万人に対して三十人強に当る、十万人につき、三十人の比率は一般国民の自殺率よりやや高い」、したがって「日本国民の自殺率は世界一であるから、日本の軍隊が世界で一番高いということになる」と結論づけている。

いずれにしろ、厳しい訓練であったことは間違いありません。こうして戦場に送られた兵隊たちは、明日をも知れない命ならばこそ、蛮行へと走るのです。野田正彰著「戦争と罪責」（岩波書店）には――

村落を襲い、奪い、焼き、殺し尽くした。初年兵を鍛えるため、中国農民を木に縛りつけ、銃剣で刺す訓練もさせた。一人の中国人の胸部を五、六人の兵隊に次々と刺させたのである。

或る日、華北から東北に何年も出稼ぎに来て、僅かばかりのカネを貯め、久し振りの故郷の両親のもとへ帰ろうとしている労働者を捕え、みすぼらしいなりをしているのにカネを持っているというだけの理由で監禁し、毎日引き出し、裸にして竹刀を持って背中と云わず尻と云わず目茶苦茶に殴り続けました。皮はやぶれて肉がむき出して来る。今度は六尺椅子に寝かせ、手足を麻縄でしばりつけ、ローソクの火で足といわず、手といわずじりじりと焼いて行きました。

富永正三の著書「あるB・C級戦犯の戦後史　ほんとうの戦争責任とは何か」（水曜社）には——

当日、私たちが現場に着いたとき、二四名の捕虜は後手にしばられ、手拭いで目かくしされたまま座らされていた。その前には横一〇メートル、幅二メートル、深さ三メートル以上の大穴が掘られていた。連隊長以下将校が席につくと、田中少尉は連隊長に一礼し、「ただいまから始めます」と報告、使役兵に命じて捕虜の一人を引き立てさせ、抵抗するのを蹴飛ばし、引きずるようにして穴の前に引き据えた。田中少尉は陸軍戸山学校の長期学生として特別教育を受けた師団随一の銃剣術の使い手であった。少尉は私たちの顔を見回し、「人間の首はこのようにして斬るものだ」と言いはなつや、サッと軍刀のさやを払い、用意してあった水桶から杓子で水を汲み、それを刀身の両側にかける。それから右手で軍刀を一振りして水をきり、捕虜の背後に両足を開いて立ち、腰を落とし、軍刀を右上段に構えた。「エイッ！」という気合もろとも目にも止まらぬ早業で、軍刀は振り下ろされた。首は一メートルも飛び、左右の頸動脈から噴水のように二本の血柱が立ち、胴体は穴の中へ転げ落ちた。私たちは初めて見るあまりにも凄惨な情景に呼吸も止まる思いだった。

との記述は、前に紹介しました「戦争と罪責」にも書かれています。「憲法が変わっても戦争にならないと思っている人のための本」編・著／高橋哲哉・斎藤貴男（日本評論社）には、元・日本兵の金子安司が——

ある中国の村を包囲作戦で一網打尽にした後に、古年兵と残兵がいないか、兵器がないか、村を探して回った際に、ある家屋の奥のほうで、女の人が子どもを抱いているのを見つけたんだ。女も子どもも殺してしまえって上からは命令されているから、どうせ殺すんだったらで古年兵は、女を見つけると結局強姦する。この時も、順番で先に子どもを連れて待っていた。怒鳴り声、泣き喚く声、やがて二人が出てきたけれど、失敗したらしく、私も手伝ってその女を村の井戸にぶち込んだんです。中国の井戸っていうのはすごく深いんだよね。入ったらまず助からない。そうしたら、子どもっていうのは親がいるところはどんなところでも安心だと思うんだろうね、自分のお袋さんが井戸の中へぶち込まれたもんだから、箱みたいなものを踏み台にして、その井戸の中へ泣きながら飛び込んでしまったんだよ。

われわれはまさかって、びっくりしてしまった。そして、早く息を引き取らせてやるためにって、手榴弾をその井戸に投げ込んだんです。今もって、私の頭から離れないんですよ、この光景が。

と、書いています。戦争に付随する強姦は、日本軍兵士に限ったことではありません。ゼンケ・ナイツェル、ハラルト・ヴェルツァー著「兵士というもの——ドイツ兵捕虜盗聴記録に見る戦争の心理」小野寺拓也訳（みすず書房）には——

兵士たちが性交渉のあとユダヤ人女性を射殺し、それによって「人種汚辱」で訴えられる危険を回避するという実際に行われた行為は、ここでは、その世界においてはまったく当たり前のことであるかのように語られている。

日本がドイツ、イタリアと三国同盟を締結したのは、一九四〇年九月です。その翌年、日本は太平洋戦争に突入します。

日本とアメリカの関係は一気に壊れたのではなく、言ってみれば徐々にその関係性が薄まっていったのである。その薄まり方の一つは、中国への日本の侵出が露骨になることで段階的に進んだ。もう一つは、日本人移民がアメリカ社会になじめずに、ともすれば自分たちでまとまるために軋轢が起こるのであったが、それが日本人排斥に結びつくと、次第に国と国の関係へと広がった。

と書いているのは保阪正康で、半藤一利　加藤陽子　保阪正康〔編著〕「太平洋戦争への道　1931―1941」（NHK出版）です。他にも、渡辺惣樹著「日米衝突の根源　1858―1908」（草思社）や日本国際政治学会「太平洋戦争への道」（朝日新聞社）、小川栄太郎著「一気に読める『戦争』の昭和史　1937〜1945」（扶桑社新書）もあります。「一気に読める『戦争』の昭和史」の〈まえがき〉には、〈戦争では無数の悲惨さが発生した一方、無数の美しい人間ドラマも生まれました〉と書いています。私は戦争で美しい人間ドラマなんて、お目にかかったことがありません。それは日本の真珠湾攻撃を、近くの山にピクニックに来ていた日本人一世が「アメリカはやっぱり金持ちじゃのう。本物の軍艦燃やして練習してらァ」と言ったのと同じだと思っています。

真珠湾攻撃は海軍による太平洋中部での作戦でしたが、この後、主戦場は東南アジアでの陸軍の侵攻に舞台を移します。初戦は、香港を攻略しマニラを占領、つづいてシンガポールを攻略して日本軍の大勝利でした。私たちは　♪銃後の守りは引き受けた……と、歌いながら夜は提灯行列です。そして昼は　♪世界の歴史を書き改める　世紀の夜明けだ……と歌い、国民は破竹の勢いで進撃する日本軍の勝利に酔いしれました。

しかし、アメリカの反撃は日本がミッドウエー海戦に破れた一九四二年半ばから始まります。澤地久枝著「滄海よ眠れ（一）　ミッドウェー海戦の生と死」（文春文庫）には——

ミッドウェー海戦は、一九四二年（昭和十七年）六月五日を中心に、日本の機動部隊の主力がぶつかりあってたたかわれた。その結果、日本海軍は開戦後六カ月にしてはじめての致命的大敗を喫した。主力空母四隻を喪失し、その敗勢をついに修復できなかった。アメリカにとっては勝利のターニング・ポイントとなった。

さらに、一九四三年にはガダルカナル島で日本軍は敗退します。半藤一利著「遠い島ガダルカナル」（ＰＨＰ文庫）には、従軍記者リチャード・トレガスキの著書からの引用で——

「死体の放つ強烈な悪臭が砂洲のあたりに立ちこめていた。水際に倒れているものも多く、すでに膨れ上がって光っており、つやつやしたソーセージのように見えた。打ち寄せられた砂に半分埋まった死体もあった。グロテスクに膨れた頭や、砂浜から突き出たねじれた胴体も見える。しかし、その殺戮は、砂地の向こうの木立の中に比べると、まだ印象の薄い風景といってよかった。木立の中は背筋の凍るような風景だった。……」
もうこれ以上は筆写する気になれない。

降伏を許されず、死ぬまで戦うことを義務づけられた日本兵は、原始林のなかで次々と餓死していったのです。

防衛庁の公刊戦史が、各種資料から推計した数によると、陸軍のガダルカナル島に上陸した人員は三万一四〇〇名、そのうち、途中病気などで離島したもの七四〇名、撤収作戦で九八〇〇名が収容されたので、二万八六〇名が失われたことになります。このうち、純戦死が五〇〇〇名から六〇〇〇名で、残り一万五〇〇〇名前後が栄養失調症、マラリア、下痢、脚気などによるものとされています。

ガダルカナル島撤退から三カ月後の五月には、北太平洋アリューシャン列島のアッツ島で日本軍守備隊がいわゆる「万歳突撃」で全滅します。最後の攻撃に参加できない傷病兵は殺害され、あるいは自決を強要されました。マキン守備隊、タラワ守備隊など南洋諸島の島々の守備隊では、同様の悲劇が繰り返されました。

一九四三年には、それまで学徒に許されていた徴兵猶予が停止され、学徒出陣の壮行会が神宮外苑で行われました。「帰ってきてからまた描くから」と言って出陣した美大生は、ビルマで戦死。「這ってでも生きて帰ってくるから」と言い残したデザイナーはレイテ島で戦死。また、ある学生は入隊の前夜恋人にあてて「僕とあなたのことは神をのぞいて誰も知らないでしょう。それでよかった！　それでこんなにも美しく悲しい想ひ出となることができたのです……さようなら僕のローズマリー、ああもう永遠に逢うことは出来ないでしょう」と切々と思い出を述べた学生もいました。

その翌年、日本は敵の反攻を挫こうと、険しいアラカン山脈を越えて進撃する「インパール作戦」を開始します。しかし、雨季に入り激しい雨のなかでの徒歩行軍です。そのうえ後方からの補給はなく、各部隊は飢餓状態に陥り、作戦は中止されましたが、その敗走は悲惨をきわめます。この作戦に参加した塚本幸一は「生き地獄としかいいようのない戦いだった」と。立石泰則著「戦争体験と経営者」（岩波新書）には――

インパールからの敗走路は「白骨街道」と呼ばれた。というのも、敗走を続ける日本軍兵士は飢えの苦しみと陸と空からのイギリス軍の攻撃で衰弱し、マラリアや赤痢などの疫病にかかった者から脱落し、敗走路には彼らの腐乱死体や白骨が横たわったからである。そのまま放置されたのは伝染病にかかった日本兵やその遺体を、イギリス軍が集団感染を恐れ生死を問わずガソリンをかけて焼却したほか、日本軍が動けなくなった兵士を安楽死させるために手榴弾などを渡し自決を迫るか、射殺したからである。

また、藤原彰著「餓死した英霊たち」（ちくま学芸文庫）には――

遺棄された死体が横たわり、手榴弾で自決した負傷兵の屍があり、その数がだんだん増えてきた。石ころの難路を越え、湿地にかかると、動けぬ重傷の兵たちが三々五々屯していた。水をくれ、連れていってくれ、と泣き叫び、足にしがみついて離れないのだ。髪は伸び放題にのび、よくもこんなに痩せたものだと思うほど、骨に皮をかけただけの、哀れな姿だ。息はついているが、さながら幽霊だった。

しかも、飢餓は深刻で食料強奪のための殺害，あるいは人肉のための殺害まで横行するようになったのです。約二三〇万人といわれる日本軍将兵の死は、さまざまな形での無残な死の集積です。消耗品のように扱われる兵士は、いくらあっても足りません。年齢に関係なく戦いに参加させられた十七歳で二度と帰らぬ特別攻撃隊になっています。年齢に関係なく戦いに参加させられたのは、地上戦となった沖縄戦です。大城将保著『改訂版沖縄戦　民衆の眼でとらえる『戦争』』（高文研）には——

だが、防衛召集者だけではまだ足りない。そこで、中等学校の男女生徒、青年学校の男女学生まで動員したのが「鉄血勤皇隊」や「ひめゆり隊」で知られる学徒隊だったわけである。もちろん、これらは法規にもとづく召集ではなく、あくまで〝志願〟による義勇隊である。県下すべての中学校、女学校から学徒隊が従軍しており、その数は二〇〇〇名以上になるが、青年学校生の義勇隊の数はいまだに不明である。

沖縄住民の戦闘参加はこれだけでは済まなかった。兵員の消耗がはげしくなるにつれ、避難民の中からも手あたりしだい補助要員を徴収した。老人、子どもまでふくめて足腰立つ者は「戦闘参加者」にさせられた。

上地一史著「沖縄戦史」(時事通信社)には——

県立第三中学校の三年生で固めた約百五十名は機関銃隊と擲弾筒隊と通信隊に配備されていた。真部山にはほかに上級生の五年生が約百五十名参加していた。
山中に入りこんだアメリカ兵は尾根伝いに、あるいは谷間を深く縫って日本軍陣地に迫り、急霰のように迫撃砲や機関銃をうちこみ、火炎放射器で密林を焼きはらい、なぎ倒しながら肉薄してきた。血気にはやった鉄血勤皇隊員は、壕をとびだすと尾根に這い上がっていき、小銃で撃ち合った。

沖縄にはガマと呼ばれる洞窟があります。この洞窟に米軍の攻撃をさけるため沢山の住民が避難しました。しかし、子どもや赤ちゃんが泣き叫ぶと、敵に見つかってしまうからと、壕を追い出されたとか、親たちは自分の手でわが子を殺したとか、兵隊の命令で殺したとか、様々なかたちで語りつがれ、日本軍兵士による食料強奪、集団的な自決強要、スパイ呼ばわり等々が書かれた多くの出版物があります。
日本軍が北に追い詰められたとき、軍民入り乱れ混乱した状況のなかで、日本兵によって虐殺された住民も少なくないといいます。北村毅著『死者たちの戦後誌 沖縄戦跡をめぐる人びとの記憶』（御茶の水書房）には、民俗学者の谷川健一が記録した、真栄平での日本兵による住民虐殺の証言が記載されています。

六月二十三、四日ごろでしたか、夜なかに日本兵が私たちの壕のまえにきて、壕から出ろ、というんです。そのとき私たちは壕の奥にいて、前田さんのお母さんだけが壕の入口にいました。（略）「前田さんのお母さんは」耳がとおい上に、共通語が分からないので、日本兵にむかって、沖縄の方言で、何か？ というように問い返したんですね。すると、その途端、壕の奥で子どもを抱いてすわっていた私のまえに、首がとんできたんです。／（略）〔その後で〕日本兵は壕の中に手榴弾を投げこんだのです。それで東風平からきたよし子となお子が負傷しました。この姉妹は日本兵によび出され、怪我の治療をしてやると、空地につれてゆかれて、日本刀で刺殺されました。（略）私が壕の外に出ると、部落の角の通りで、私の父が座ったまま、首を斬られているのです。（略）それから少しゆくと、こんどは私のいとこが殺されていました。

本書を、保阪正康は〈戦争体験と戦場体験とはまったく意味が異なる。戦争体験とは戦争の時代に生きたということであり、戦場体験は国の示す戦争目的に沿って兵士が命の奪い合いをするということだ。太平洋戦争下で非戦闘員として事実上、兵士の盾とされたのは沖縄県民だけである。（中略）本書の末尾で、著者が辿りついたこの結論に戦争体験をもつ世代が真摯に答えてきただろうかと改めて私自身もつぶやきつつ考えこんだのである〉と、評しています。

死の集積は沖縄戦だけではありません。一九四五年三月九日の深夜から一〇日にかけて行われた東京大空襲では、三百機ものB29が東京下町の墨田区を中心とする密集地帯を襲い、焼夷弾を落としていきました。下町一帯は焼け野原になり、死者はおよそ十万人――

長い夜が、明けた。

海から直接焼け野原に吹きすさぶ風は、身を切るような冷たさだった。朝の気温は三・五度。生き残った人々は焼け焦げた服を身にまとったまま、両腕で体を抱くようにして寒さに耐え、家族を探した。子供の名前を呼んで歩いている母親もいれば、丸焦げになった死体の前でうずくまって泣きじゃくる少年もいた。瓦礫となった家を必死に掘り返す家族の姿もある。

空襲の直後は焼けずに残った上野駅ぐらいしか待ち合わせ場所がなかった。だが、待てども待てども親と会うことができずに、やがて同じような子供と仲良くなって駅にいついてしまうことがあったのだ。こうして浮浪児と呼ばれる子供たちが上野の駅周辺で増えていったのである。

と、石井光太著「浮浪児1945〜戦争が生んだ子供たち」（新潮社）に書かれています。その後、六月頃になると空襲は地方の中小都市にも拡大。日立市、千葉市、静岡市、浜松市、姫路市、佐世保市などを襲い無数の一般市民の命が奪われました。そして、アメリカは広島、長崎を原子爆弾の実験台にしたのです。

広島の知らせがロスアラモスに伝えられたのは八月六日午後二時（現地時間）すぎであった。ニュースは歓呼をもって迎えられた。実験なしで送り出された最初のウラン爆弾の爆発だった。しかし、その夜の祝賀パーティーの空気にはすでに重苦しいものが混じってしまった。当然であろう。

との記述は、藤永茂著「ロバート・オッペンハイマー」（朝日選書）です。被爆を受けた広島ではどうだったのか。ＮＨＫスペシャル取材班「原爆死の真実きのこ雲の下で起きていたこと」（岩波書店）によると——

「とにかく眼球がぶら下がっている人を何人も見ました。眼球が二つとも飛び出してぶら下がっているんです。手で眼球を持って、ゆっくりですが、やっぱり歩いているんです。それがどうして歩けるのかも分からない。見えているのか、分からないんです。理屈は分からないけど、確かにそういう人はいた。でも、なかなかそのことを言えないんです。六歳の子どもでしょう。だから嘘をついているみたいな気がするんです、信じられないから。ある程度年齢がいっていれば、地獄とか、そういう表現になるかと思いますが、そのときは、地獄という言葉は、全く思いつかなかったですね。ただ見てはならないものを見ている。あってはならないことが起きている、あるいはあってほしくないことが起きていると肝に銘じたんじゃないですかね。それがずっと人生のなかを、ずっと通底して引きずっています」

「そのときの火傷した人、あんな姿は生まれて初めて見ましたし、今思い出してもぞっとします。みんな同じ恰好をしていました。そしてよたよたと歩いているんです。なんでぼろが下がっているのかねと思ってみたら、皮膚がずるっと剥げて、赤肌が出ていますから、触るとものすごく痛いわけですね。ぶら下がった皮膚と赤く剥げ上がった肌がものに当たらないように、みんな写真のようにして歩いていたわけです」

八月八日にはソ連軍が満州に侵攻してきましたが、ソ連の参戦を察知した一部の高級官僚や軍幹部は、トラックや車を徴用し列車も確保して早々と逃げ去っていたのです。元朝日新聞記者の菅原幸助は当時、関東軍の新米憲兵で、新京から脱出する「一番列車」に乗ったことを、朝日新聞「新聞と戦争」取材班「新聞と戦争」(朝日新聞出版)に――

「『避難列車を警護して日本に向かえ』という命令を受けた。乗客は約2千人で、大半は関東軍総司令部幹部の家族たちだった。

国境地帯などに入植した各地の開拓団は、置き去りにされた。『引き揚げと援護三十年の歩み』(厚生省)によると、日ソ開戦当時の開拓民は約22万人。

成人男性は軍に召集されており、ほとんどが老人や婦女子だった。ソ連軍や中国人に襲われて死亡するなど、悲劇が相次いだ。残留孤児・残留婦人の問題もここから生まれた。

佐藤正久は、著書「知らないと後悔する　日本が侵略される日」(幻冬舎)のなかで、〈相手が一方的に殴り掛かってきたら？　黙って殴られますか？　殺されますか？　それが戦争なのです。「私は平和主義者なので、相手は殴り掛かってこない」という理屈は通じません。それは単なる願望です。弱いと思われたりしたら、襲ってくる人がいる。奪いに来る人がいる。そうなれば、誰でも戦わざるを得なくなります〉と書いてますが、武器を持たない婦女子はどうするのでしょうか。さらに、同書には〈軍人の責任とは、国家と国民を守ること〉

と書いてますが、関東軍が逃げ去った事実をどう説明するのでしょうか。満州帝国の溥儀の弟・愛新覚羅溥傑は「溥傑自伝」（河出書房新社）に――

私は愕然とした。いったい何ということだろう。常々「数十万の関東軍精鋭、健在なり」と大言壮語し、堅く満州を守ると公言していた関東軍が、かくももろく何ひとつ抵抗もせず、どうぞとばかり新京をソ連軍に明け渡すとは（中略）平素の関東軍の私たちにたいする横暴ぶりを思うと、激しい憤怒を覚えずにはいられなかった。それ以上に憤慨に耐えないのは、今総崩れで撤退し、最後の時を迎えながら、なお私たちがいったんソ連軍の手に落ちると関東軍が中国人を虐待した真相を洩らすことを恐れて、自決しろとまでいうことだった。

と記しています。しかし、関東軍の大部分、二〇師団以上が昭和一九年から二〇年の春にかけて太平洋の決戦場に大部分が引き抜かれていたと言われています。その穴埋めに緊急の徴兵令で人員だけを揃えていたといいますが、置き去りにした言い訳にはなりません。

一方、アメリカは長崎にも原爆を投下――

院内には、新型爆弾で傷ついた百名近くの人が藁の上や、近くの壕から布団を持ってきてやすんでいる。この人たちの回診がいまの私にとって最大の仕事である。

外来患者もこわれた病院の玄関を訪れる。ある患者は背負われて、ある患者は四、五人に担がれてきた。このような人たちも診療する。

不思議な患者が次第に増加した。玄関に運んできた時には、紫黒色になってすでに死んでいる人がいる。その死者は、浦上天主堂の近くで被災した人であった。生命が危なくなったのです、せめて医者のいるところまでと思って、近所の人が運んで来た時にはすでに息が絶えていた。こうした患者がふえるにつけ、いったい身体のどの器官が侵されたのか、私の不審は深まった。

との記述は、秋田辰一郎著「長崎原爆記　被爆医師の証言」(日本ブックエース)です。長崎が被爆した翌日、ローレンスはバークレーからニューメキシコに飛んでいます。藤永茂著「ロバート・オッペンハイマー」には、〈ローレンスは、罪の意識にさいなまれ、すっかり落ちこんでいるオッペンハイマーを見出した。広島と長崎の死者の方が、放射能を浴びて生き残った被爆者より幸せではなかったか、とオッペンハイマーが言ったとローレンスは報じている〉と。こうしたなか、内閣では和平派と戦争続行派に別れて論戦が続いていました。徹底抗戦を唱える強硬派は、最後の一兵卒になっても戦うと――しかし、日本はポツタム宣言を受諾して、無条件降伏。「耐えがたきを耐え、忍びがたきを忍び」という天皇陛下の玉音放送となったのです。大きな犠牲を払って得たもの、それが日本国憲法です。パリ不戦条約から一八年、ここではじめて、〈日本国民の名〉において戦争は「国際紛争を解決する手段としては、永久にこれを放棄」したのです。

第二章　絶えない「戦争」

人間は懲りない動物なのでしょうか、第二次世界大戦の後にはじまったのが、朝鮮戦争です。朝鮮半島は三八度線で南北に分けられ、当時、南の韓国は李承晩大統領が率い、北は金日成主席が率いていました。その金日成の率いる北朝鮮人民軍が南北の境界線を突破して、韓国に侵攻してきたのです。開戦当初、人民軍は韓国軍を半島南端の釜山まで追つめましたが、アメリカを中心とする国連軍が参加したことによって逆転します。日本に駐留していたアメリカ軍も朝鮮に出動しました。その後を引き継ぐかたちで、マッカーサーの指令によって設立されたのが警察予備隊です。安倍晋三著「美しい国へ」（文藝春秋）には――

一九五〇年に朝鮮戦争が勃発し、アメリカ占領軍が朝鮮半島に展開すると、マッカーサー司令官は、手薄になった日本にソ連が侵攻してくるのを心配して、日本政府に防衛のための部隊の創設を要求した。ただちに警察予備隊が創設されたが、表向きは国内の治安維持のためだった。

と、〈ソ連が侵攻してくるのを心配して〉と書いていますが、どうしてこのような出鱈目が書けるのか。マッカーサーが心配したのは、駐留していたアメリカ軍の家族のことで、その家族を守るために駐留していたアメリカ軍と同数の警察予備隊が設立されたのです。

ソビエトはどう考えていたのか。朝鮮戦争に参戦したソビエト空軍のロボフ将軍は「われわれの軍団には日本まで飛べる飛行機がなかったし、日本を攻撃する計画もなかった。沿岸州の空軍基地には足の長いTU４やIL28があり、海軍所属の水雷・魚雷空軍もあったが、ソビエトにはアメリカ軍の後方基地である日本を攻撃しようというような意図はなかったと思う」といった。政治部門カピッツァ氏も、ソビエトが戦争を日本にまで拡大する計画は全くなかった、スターリンがそれを望んでいなかったからだ、と証言した。

と、饗庭孝典　NHK取材班「朝鮮戦争　分断三八度線の真実を追う」（日本放送出版協会）に書かれています。朝鮮戦争には、日本も占領軍の指令によって、海上保安庁の掃海艇が出動します。ところが、機雷に触れたMS14号艇が沈没して一名の「戦死者」が出ますが、これは長く極秘扱いにされていました。増田弘著「自衛隊の誕生　日本の再軍備とアメリカ」（中公新書）には――

朝鮮海峡における掃海作業は事実上の戦闘行為であり、憲法違反になるため、日本政府は躊躇せざるを得なかったが、吉田首相は大久保に対して米国側の要望どおり掃海艇を派遣するよう命じたのである。もちろん最高機密であった。

ここに書かれている大久保とは、初代海上保安庁長官大久保武雄のことです。さらに、〈この間、二隻の掃海艇が沈没し、乗員一名が死亡し、八名が負傷する犠牲を出したが、大きな成果を上げて掃海部隊は帰国した〉と書かれています。

では、自衛隊員の死者はどう顕彰されるのでしょうか。

二〇〇三年、東京の市谷にある防衛庁の敷地の一角に、「自衛隊員殉職者慰霊碑地区」＝メモリアルゾーンと呼ばれるものが完成しました。これは、自衛隊の発足以来、公務で亡くなった「一七二六柱」とされる自衛隊員のための慰霊碑です。同年九月一一日に行われた完成披露行事には、執行者の石破茂防衛庁長官をはじめ防衛庁・自衛隊の高級幹部、来賓、遺族会会長、関係団体長など多数が参列しました。

と、高橋哲哉が「国家と犠牲」（ＮＨＫブックス）のなかで紹介しています。犠牲者はそれだけではありません。地上戦にも日本人が参戦して一名の戦死者を出していること、さらにＬＴ６３６号という船が北朝鮮の海で機雷に接触して沈没し、二二名が死亡する事故が起きていることを、藤原和樹が「朝鮮戦争を戦った日本人」（ＮＨＫ出版）に書いています。

参戦していたのは、米軍のキャンプで働いていたハウスボーイや通訳、炊事兵、理容師、大工、運転手など、なかには冒険心からの者もいて二〇歳前後の基地労働者だったと。参戦者は占領軍の基地の仕事の延長のように、その数は確認できるだけで七〇名にのぼったといいます。そして、朝鮮に到着すると、いずれも軍服と武器が支給されています。

しかし半年後、日本人は「朝鮮への無許可の渡航」ということで送り返されて尋問され、朝鮮で見聞したことは一切口外しないと誓わされていますが、参戦した者の一人は戦場で見た光景は忘れられないと同書のなかで語っています。

路上に横たわっている遺体。地上に何カ月も放置されて肉の一部が腐敗し、骨が剥き出しになっている。

「ここで見た光景が忘れられません」と言って指差したところに写っていたのは、小さな木造の小屋である。その中で、数十人の米兵が腕を後ろで拘束されたまま亡くなっていたという。捕虜が虐殺されたのだった。

「仲間たちの死体の山を見たとき、復讐を考えました。どう北朝鮮軍に代償を支払わせるか。それを行った本人を捕まえることができるか。いろいろ考えました。このような状況に置かれると、人はかなり早く年を取ります。いかに残虐な戦いだったか。互いに良心の呵責などまったくなく、殺し合いが続きました。殺すか殺されるかでした。今もあの光景が頭から離れないんです」

同書には、米軍が味方であるはずの韓国人を虐殺した忠清北道永同郡で起きた「老斤里事件」についての記述があります。

最も有名なのは、1950年7月26日に、ソウルから南へ160キロメートル、忠清北道永同郡黄澗面の老斤里という村で起きた「老斤里事件」である。民間人も敵とみなし、発砲せよ――。第25歩兵師団の指揮を執っていたウィリアム・B・キーン少将による、同日の指示にもとづき虐殺は行われた。韓国側の調査では、約500人の韓国市民が犠牲になったとされている（一方、米軍は人数は特定できないとしており、見解に相違が見られる）。

この事件は、長らく真相が未解明だったが、生存者の告発やジャーナリストたちの報道を受けて、事件から51年経った2001年1月、米陸軍が公式調査の内容をまとめたレポートを公表した。そこでは、避難民の中に北朝鮮軍のゲリラが紛れ込んでいるという情報が、虐殺が起きた要因の一つだったと指摘されている。

朝鮮戦争を一〇年の歳月をかけて取材執筆した、デイヴィッド・ハルバースタム著「ザ・コールデスト・ウインター　朝鮮戦争〈上〉」山田耕介・山田侑平訳（文藝春秋）には――

戦場の真実とは、つねに恐怖につきまとわれることだとハメルは思った。戦闘中にビビらなかったというやつはうそつきだ。あのような状況に置かれた兵士は全員が恐ろしい選択に直面する。望むのは生き延びることだけ。敵を前にひたすら逃げ出したくなる。しかし、仲間から臆病とは見られたくない。逃走の不名誉、仲間を裏切る不名誉が辛うじて逃走の歯止めになる。そのために、ただそのためにこそ、踏み止まって戦いつづけるのだ。祖国のために戦うだの、反共のためだのと教えられた御託は戦闘の最初の数秒で雲散霧消してしまった。

著者は、〈望むのは生き延びることだけ。敵を前にひたすら逃げ出したくなる〉と書いていますが、日本兵には、そのように思うことさえ許されなかったのです。何故なら、「生きて虜囚の辱めを受けず」と、教育されていたことにもよりますが、敵前逃亡はその場で銃殺されるからです。さらに、同書の〈下〉巻には――

すべての戦争はなんらかの意味で誤算の産物かもしれない。だが朝鮮では戦争当事者双方の重要な決定のほとんどすべてが誤算に基づいていた。まずアメリカが防衛範囲から朝鮮半島を外し、これがさまざまな共産側当事者の行動を誘発した。ついでソ連が金日成の南への侵攻に青信号を出した。アメリカの参戦はないと確信したのである。アメリカは参戦した。そのときアメリカは、立ち向かう相手の北朝鮮軍の能力をひどく過少評価する一方、初めて戦闘に赴くアメリカ軍部隊の準備態勢を法外なまでに過大評価していた。アメリカ軍は後に、中国の度重なる警告に注意を払わず、三十八度線の北に進撃する決定を下した。

朝鮮戦争で被害を最も大きく受けたのは、戦争の舞台となった朝鮮半島の人たちです。ブレイン・ハーデン著「金日成と亡命パイロット」高里ひろ訳（白水社）には——

アメリカ軍は朝鮮戦争で三万二〇〇〇トンのナパーム弾を落とした。それは一九四五年に日本に落とした量の二倍にあたる。「平均的な日」には一日七万ガロン（二六万五〇〇〇リットル）を落とした計算になる。犠牲者の数は、さすがのマッカーサーをも震え上がらせた。彼はトルーマンに解任されてから国会で証言した。「わたしは、生きている誰よりも多くの血と災いを目撃してきましたが、〔朝鮮では〕身の毛の立つ思いでした。破壊された街と多数の女子どもの犠牲を目の当たりにして、嘔吐しました」

朝鮮戦争は休戦となり、その後に起こったのが、ベトナム戦争です。第二次大戦が勃発したとき、ベトナムはフランス統治下にありましたが、フランスがドイツに敗北したことにより日本軍進駐下になりました。しかし、日本敗戦によって再びフランスの支配を受けます。ところが一九四五年九月、ホー・チ・ミンがハノイを首都とするベトナム民主共和国（北べトナム）の独立を宣言したのです。この独立を認めたくないフランスは、南部に傀儡政権を樹立して北ベトナムと争います。この独立戦争には、残留していた六〇〇名程の日本人がベトミン（ベトナム独立同盟）に参加しています。

開高健著　写真秋元啓一「ベトナム戦記」（朝日新聞出版）には――

太平洋戦争のとき、彼は沖縄から兵隊にとられて参戦し、シンガポールへいった。そこからハノイに送られ、一九四五年まで、日本兵としてかけまわった。一九四五年日本は敗れて、キャプ・サン・ジャックから引き揚げた。しかし、彼は多くの日本兵といっしょにベトナムにとどまり、ホー・チ・ミンのひきいるベトミン軍に入って、インドシナ独立戦争をたたかった。日本工営にはこういう日本人がたくさんいて、私は話しあった。彼らはあるいは脱走兵であり、あるいは自発的な残留兵であった。ベトナム女との愛にひかされて現地にのこったものもあり、内地に帰ったところで暮らしていけないのだからと考えて残留したものもあった。彼らはベトミン軍に参加してベトナム兵を帝国陸軍の戦法と規律によって鍛えあげ、たいへん尊敬された。

しかし、雲行きが変わります。小松みゆき著「動きだした時計　ベトナム残留日本兵とその家族」白石昌也、古田元夫、坪井善明、栗木誠一解説（めこん）には――

一九五四年一月、ベトミンはベトナム全土の農村を解放、五月にはベトナム北部のディエンビエンフーでフランス軍に勝利して独立を勝ち取った。この戦争に直接参加した残留日本兵はいなかったようだ。もちろんクァンガイ陸軍学校などで残留日本兵の教官によって軍事教育を受けた兵士たちは多数戦闘に参加しているが、この頃には日本人の存在感は薄いものになっていた。

この年の秋に、残留日本人たちはベトナム当局から促されて帰国することになる。これに先立って、数カ月前から政府が用意した学習会「ホクタップ」で、帰国に向けた研修が行われた。

ホクタップは秋に終了して、在留日本人たちはいったん各家庭に帰宅、一一月に再度集合して、中国経由で帰国の途についた。

残留日本人の帰国は、結果的には、その後も数回実施された。しかしこの時点では、今回が日本に帰国する最初で最後だと思われていた。

すでにベトナムで家庭を持っていた人も多かったが、家族の帯同は許されなかった。

残された家族たちは、夫や父をひたすら待ち続け、想い続けた。当時の衣類や、黄ばんだ写真やボロボロになった書類を、今でも大切に持っている人は多い。「夫が歌っていたから覚えた」と、私に日本の歌を歌って聞かせてくれた妻もいた。彼らの夫・父を想う気持ちは、圧倒される想いであった。

フランスとの戦いは、八年間つづきましたがフランスが破れて、一九五四年七月ジュネーブで和平会議が開かれます。ジュネーブ協定では一九五六年に自由選挙を行い、南北統一を図ることになっていました。しかし、統一選挙は実現せず内戦が始まります。

アメリカの介入が本格的に始まったのは、一九六四年にアメリカ駆逐艦が北ベトナムの魚雷艇に攻撃されたというトンキン湾事件からです。このトンキン湾事件は、アメリカの自作自演ともいわれていますが、いずれにしろ、宣戦布告もなくはじめられたのがベトナム戦争です。

ベトナム戦争で、ページを開くのも辛くなる戦場での悲惨さを描いているのが、ニック・タース著「動くものはすべて殺せ　アメリカ兵はベトナムで何をしたか」布施由紀子訳（みすず書房）です。

題名通り、駆け回るニワトリを撃ち、飛び出してきた豚を仕留め、牛や水牛を撃ち、老人を殺し、逃げまどう子供たちを殺しています。赤ちゃんを抱いて家から出てきた女性を殺し、抱いていた赤ちゃんが地面に転がり落ちると、その赤ちゃんも殺し、動くものすべて殺していいます。動くものだけではありません。中をあらためもせず、住居に手榴弾を放り込んでいます。そして、一軒一軒、家に火をつけ、あたり一帯の飲料水を汚染させています。

さらに――

新兵たちはまた、ためらうことなく人を殺すことを最善とする、暴力と残忍の文化に取り込まれる。ベトナム時代に徴兵されたピーター・ミロードは、多くの兵士と同様、アピーにこう語っている。教練を受けはじめたころはただ、暴力的な言葉をシュプレヒコールのようにくり返していただけだった――「殺せ！　殺せ！　殺せ！　容赦なく殺せてこそ兵隊だ！」――が、のちに彼は自分がこの気風に呑まれていることに気がついた。「ぼくはロボットにはなりませんでした」と、ミロードは告発している。「でもそれにかぎりなく近い状態にはなりうるんです。恐ろしいことに」別の帰還兵はこう言っている。「一一カ月かけて、わたしは殺人をするように訓練されました。八週間の基礎訓練期間のあともずっと「殺せ」「殺せ」と叫んでいたんです。

保阪正康は本書について、〈――著者のインタビューに20分以上も泣き続けるベトナム女性のその涙がすべてを語っている。虐殺行為の背景にあるのはワシントンの政治と軍事の指導部、ベトナム人を動物以下だと考える司令官、そして20歳前後の兵士に人種差別と憎しみと抹殺を教えて戦場に送りだす教育システムなどだ。病んでいた時代の実像を同じアメリカ人がえがくその勇気に、私たちは多くのことを教えられる〉と、評しています。

〈多くの場合、本当の戦争の話というものは信じてもらえっこない〉と書いているのは、ティム・オブライエン著、村上春樹訳「本当の戦争の話をしよう」（文春文庫）です。

今から話すのが実際に起こった真実だ。

私はかつて兵隊だった。そこにはたくさんの死体があった。本物の顔のついた本物の死体だ。でも当時私は若かったし、それを見るのが怖かった。おかげで二十年後の今、私は顔を持たぬ責任と、顔を持たぬ哀しみを抱えている。

ここからがお話の真実だ。彼はすらりとした、華奢といってもいいような二十歳前後の青年だった。そして死んでいた。ミケの村の近くの赤土の小道の中央に横たわっていた。彼の顎は喉の中にめりこんでいた。彼の片目は閉じられ、もう片方の目は星形の穴になっていた。私が彼を殺したのだ。

ベトナムで負傷した米兵の七〇％は日本に運び込まれ、前線で破壊された戦車、装甲兵員輸送車も日本で修理され、前線に送り返されていました。しかも、出撃・補給・訓練の拠点として重要な役割を果たしていたのです。

野添文彬著「沖縄米軍基地全史」（吉川弘文館）には――

一九六五年三月には、ベトナムに投入される初の米陸軍実践部隊として沖縄を拠点とする第三海兵師団の部隊約三五〇〇人がダナンに上陸し、五月には第三海兵師団司令部がダナン空軍基地へ移転する。沖縄では、北部訓練場でベトナムでのゲリラ訓練が行われ、牧港補給基地はあらゆる物資が運搬される中継基地となった。出撃や補給で重要な役割を果していた嘉手納基地は、六七年五月に二本の滑走路が全長三二五〇メートルまで拡張され、極東最大の空軍基地となった。

国民は、このベトナム戦争を対岸の火事として眺めていたわけではありません。社共両党や日本労働組合総評議会が中心になってベトナム反戦運動を繰り広げていました。一九六五年四月には、小田実を代表として「ベトナムに平和を！　市民連合」、略称「べ平連」が発足しました。そして、空からエンタープライズ号の米軍兵士たちに向けて、脱走を勧告するビラを撒こうと計画しますが、軍事基地区域なのでヘリコプターをチャーターすることが出来ず、実行に移せませんでした。そこで、上官に反戦の手紙を書き、サボタージュし、脱走し、良心的兵役拒否を宣言せよという内容の英文ビラを沖縄の瑞慶覧基地、東京の立川基地、山口の岩国基地などで撒きました。

日本国内の各米軍基地はベトナム戦争に参戦した米軍兵士の休養地だった。三〇〇余の地域組織に増えた全国のべ平連の参加者たちは、自発的献身的にこの運動に参加した。彼は、気がかりではあったが、「まさか――」と思っていた。本当にビラを見て米軍兵士が脱走するのだろうか？

一九六七年一〇月二八日、横須賀基地を抜け出した「イントレピッドの四人」が目の前に現れるや、小田はやはりびっくり仰天せずにいられなかった。来た、来た、来た。
彼らは加害者であるとともに被害者だった。

と書いているのは、コ・ギョンテ著「ベトナム戦争と韓国、そして1968」訳　平井一臣、姜信一、木村貴、山田良介（人文書院）ですが、本書はベトナム戦争での虐殺事件の真相と犠牲になった人びとのその後の歩みを軸にしています。

脱走したこの四人は、米空母イントレピッド号の乗組員。ベ平連は、四人を匿います。平井一臣著「ベ平連とその時代　身ぶりとしての政治」（有志舎）には――

その後、二人は京都の鶴見俊輔宅へ、もう二人は茅ヶ崎に住む文化人類学者・深作光貞宅に一泊した後蓼科にある作家・堀田善衛の別荘に匿われた。イントレピッドの四人の脱走兵がソ連経由でスウェーデンに向かうため横浜港を出たのは、一一月一一日だった。エスペランティスト由比忠之進が、政府の北爆支持に抗議し首相官邸前で焼身自殺を遂げたのもこの日だった。

脱走兵は続き、ベ平連は一九七一年七月まで一九人の脱走兵を亡命させたといいます。一方アメリカ本土では、毎年数万人のベトナム戦争召集拒否者が出ていました。

このベトナム戦争では、韓国軍も参戦して住民を虐殺していることを、伊藤正子が「戦争韓国軍によるベトナム人戦時虐殺問題と和解への道」（平凡社）に書いています。

ベトナム文化通信部〔行政機関の「部」は日本の「省」に該当する〕は——まだ不完全な統計という但し書きを付けてはいるが——、韓国軍によって集団虐殺された良民の数をおよそ五〇〇〇人あまりと見ている。しかし実際虐殺現場の住民たちはこの数値を信頼しておらず、政府が正確な真相調査に消極的であるとし露骨な不満を表しており、時には住民たちが主張する数字が、ある地域ではベトナム文化通信部が公認した数値の倍を越えることもあった。

アメリカ軍の虐殺で著名なのが、一九六八年三月一六日、ソンミ村という小さな村で起きた事件です。丹羽宇一郎著「戦争の大問題」（東洋経済新報社）には——

アメリカ陸軍が、南ベトナムの農村ソンミ村を襲撃し、老人、女性、子どもなどを無差別に殺し、およそ500人の民間人を虐殺した事件である。

事件の背景には、当時、アメリカ軍に対する現地人に紛れ込んだゲリラの攻撃がある。現地の住民と区別のつかないゲリラにアメリカ軍は悩まされていた。ソンミ村の襲撃は、ゲリラ討伐の掃討作戦、あるいは「見せしめ」である。

ソンミ村の事件は、調査によって命令で虐殺が行われたことが明らかになった。軍の責任者は軍法会議で有罪判決を受けた。

このソンミ虐殺は、ベトナム反戦運動のシンボルとなり、アメリカ国内は勿論、国外でも大きな批判が巻き起こりました。

一九六七年一〇月二一日には、ワシントンでベトナム戦争に反対する一〇〇万人集会が行われました。その日の夜には、参加者たちの多くがバージニア州の国防総省まで徹夜で行進して抗議しています。アメリカだけではありません。世界規模の反戦運動がまきおこりました。この圧力におされ一九六八年、北爆を全面停止して一〇月から撤退をはじめました。その一方でアメリカはカンボジアへの空爆を再開しました。親米派のロン・ノル政権を支援するため、ポル・ポト派の支配地域を叩くためです。一九七三年二月から半年間に投下された爆弾は、第二次大戦時に日本に投下された爆弾の一・五倍にあたる量だと言われています。

アメリカ軍がサイゴンから脱出したあと、サイゴンは陥落して南ベトナムは崩壊しました。翌年、南北ベトナムの統一が実現します。

このベトナム戦争を勝者側から描いた小説に、バオ・ニン著「戦争の悲しみ」井川一久訳（めるくまーる）があります。

「戦争に勝ったことを教えてやったら、幽霊たちはみんな喜ぶかなあ」
「教えてやったからって、何の役に立つんです。墓場の住人たちは、戦争のことなんか、もうちっとも聞きたがっちゃいないんですぜ。あの連中は人殺しのことなんて覚えちゃいない。人殺しは生きてる人間のやることでね、死んだ人間の仕事じゃありませんや」

「だけどね、もう戦争は終わったんだ。戦争で死んだ人間が地上に出てきて、生きてる人間と話し合えるのは、今のように平和になってからだよ」

「何ですって？　平和ですって？　糞食らえだ。平和なんて、死んだ仲間たちの血と骨で育った木じゃありませんか。この『泣き叫ぶ魂の森』に残された連中がいちばん尊敬できる人間なんです。連中がいなかったら平和なんて来やしませんでしたよ」

出発まぎわだというのに、運転手は同じ言葉を陰気にぶつぶつと繰り返した。


人員の損失は埋め合わせがつく。物的損害は修復できる。肉体の傷はいずれ癒される。だが、戦争が人々の心に刻んだ傷痕はいつまでも残るだろう。

本書の解説に、＜戦争は殺戮と破壊です。私たちヴェトナム人はそれを強いられた。私たちが好んで戦争を引き受けたわけではありません。繰り返しますが、外敵によって強いられたのです。だから戦後の世界に、平和に生きることのできる世界に、私たちは希望をつないでいた。その希望ゆえに命がけで戦った。ですが、殺戮と破壊は、外敵に屈しなかった私たちにも、時に自殺を促すほどの深刻な傷を残しました。本気で戦った者たちは、戦いが果てたあとも安らぎはなかった。しばしば絶望と狂気と別離が彼らを見舞った。私はそのことをあるがままに書いた。だから『戦争の悲しみ』なのです〉と。

もともと、戦争は嘘と捏造から始まるといわれていますが、一九九〇年、一五歳のクウェートの少女ナイラが、クウェートに侵攻してきたイラク軍が「盗賊と化し、高価な保育器を奪うために、新生児を次々と床に投げ捨てて放置し、そのまま死なせたのを見た」と涙ながらに告発しました。この「ナイラの証言」は、アメリカのメディアがさかんに取り上げ、アメリカ国民の心を揺さぶりました。

「ナイラの証言」から約三カ月後に、湾岸戦争が始まりました。

何万もの死者を出すことになった湾岸戦争を、強く後押しした「ナイラの証言」。開戦直前、アメリカの人たちは口々にこう言ったでしょう。「ナイラの涙を無駄にしてはいけない」「ナイラのためにも動かなければならない」——そう、「正義は我らにある」と。

ところが、湾岸戦争が終結した後、クウェートでメディアの検証が始まると、この証言が捏造されたことが判明するのです。クウェート大使館が立ち上げした「クウェートの自由のための市民運動」というNGOと契約した、「ヒル・アンド・ノウルトン」というアメリカの広告代理店が仕組んだものだったのです。

イラク兵士が保育器を奪ったことも、新生児を死なせた話も確認できなかったばかりか、ナイラには別の本名があり、彼女は、クウェート駐米大使の娘であることも暴露されました。

と書いているのは、伊勢崎賢治著「日本人は人を殺しに行くのか　戦場からの集団的自衛権入門」（朝日新聞出版）です。この湾岸戦争のとき、日本は一三〇億ドルの経費を拠出したのですが、クウェート政府が国際社会に向けて発表した「感謝声明」のなかに、日本の名が抜け落ちていました。どうして抜け落ちたのか、その理由を確かめもせず、政府・自民党は「金を出すだけでは駄目だ。汗も、血も」という声をあげました。同書によると――

実は、90億ドル支援（当時のお金で約1兆2000億円）のうち、クウェートに払われたのはたった6億円だったという事実を知らない人が多い。1兆円以上のお金は米国のために支出されたのだ。クウェートの首長は石油王で、イラクがクウェートに侵攻している間は、実は隣国のサウジの超高級ホテルのスイートルームで優雅な生活を送っていた。その石油王にとって6億円程度は「はした金」にすぎないわけだから、感謝しようにもその気がわいてこないのは、ある意味しょうがないことなのだ。

言いたいことは、「湾岸戦争のトラウマ」を例にあげながら、しきりに「お金だけではだめだ」「汗をかけ」「自衛隊を出さなければ」と言っている人には、背後に、こうした事情、経緯があったことを知った上で発言してもらいたいということだ。

「おカネ」は決して卑下すべき貢献策ではない。時と場合によっては、効果てきめん、感謝される貢献策となりうることも肝に銘じておくべきであろう。

そして、二〇〇三年七月に始まったのがイラク戦争です。かつて、田中角栄は「戦争を知っている人が社会の中核にいる限り、日本は絶対に安全だ。戦争を知らない人が中核になったら日本は怖い」と言いましたが、政府が「イラク復興支援特別措置法」の成立を急いでいるとき、政界の中核には後藤田正晴がいました。総理の小泉純一郎が国会で「戦争地域と非戦闘地域の仕分けは可能だ」との答弁を繰り返していたとき、後藤田正晴は語気を強め「あそこが戦闘地域であることは、当たり前じゃないか。戦闘地域になっているじゃないか。イラクという国全体が。戦闘地域には入りません、武力行使はしませんと。小泉君は戦争経験ないわな、それに勉強してない人だわな」と言いました。

87年夏、イラン・イラク戦争でペルシャ湾に設置された機雷でタンカー被害が相次いだ直後、外務省審議官だった栗山尚一は官房長官室で後藤田に自衛隊を出したいと訴え、シーレーン（海上交通路）確保に掃海艇派遣が必要と力説した。後藤田は交通海域で自衛のために反撃すれば戦争になると取り合わず、なおも食い下がる栗山に「どうしてもと言うなら、やってみなさい。おれ1人でつぶすから」と言った。

湾岸戦争があっという間に終わり、政府が慌てて決めた91年の海自掃海艇のペルシャ湾派遣に最後まで異を唱えたのも、後藤田だった。

「自衛隊を何とか使おう、何とか使おうというのがある。兵隊さんを出したい。それが日本の道だと。邪魔になるのが憲法ぐらいに思っている。国会があかん。こう視野狭窄になって、あそこが一番広角度の人がいなくちゃいかん。本来のシビリアンコントロール（文民統制）ができていない。最後は国民がちゃんと見なくちゃいかん」と、言ったことを紹介しているのが共同通信社憲法取材班「『改憲』の系譜　9条と日米同盟の現場」（新潮社）です。こうした「戦争はダメだ」と声高らかにいう方は、経済界にもいました。そのうちの一人が、フィリピン戦線で戦ったダイエー創業者の中内功です。一九八〇年二月、国立京都国際会館で開催された関西セミナーで、当時権力の絶頂期にあった住友金属会長の日向方齊が憲法改正やソ連を仮想敵国に想定した独自の防衛力の強化、徴兵制の研究等の持論を展開したとき、「異議あり」とひとり反論の声をあげたことが、立石康則著「戦争体験と経営者」（岩波新書）に書かれています。

「あなたは防衛力を増強しろとおっしゃいますが、核時代の現在、どれほどの軍備があれば日本は守れるというんですか。いまや核ミサイルの時代です。（中略）核戦争になれば、戦闘機も戦車も軍艦も、役に立たないとは言い切れないが、そんなものいくらあっても無に等しい。戯れ言をいわないでいただきたい。そんなことよりも、ソ連を刺激せずに、ソ連と仲良くする努力をすることのほうが大切じゃないんですか。それに、憲法改正して徴兵制を導入するなんて、それこそ言語道断だ。そんなことをしたら日本はアジアをはじめ世界から袋叩きにあい、孤立してしまいますよ。（中略）あなたは日本をまたあのいまいましい時代へ引き戻そうというんですか。とんでもないことだ。中国に対して、日本はどうやって、軍備拡張の正当性を説明するんですか」

日向は予期せぬ伏兵・中内の異議申し立てに激高し、反論したが議論はかみ合わず、以後、中内は関西財界セミナーには出席しなくなったそうです。著者は「最近は、中内のように相手が誰であれ、自分の信念を公の場で正面からぶつける経営者や経済人を見かけなくなった」と言っています。後藤田も中内も他界して、まさに田中角栄の言った「戦争を知らない怖い世の中」が来ているのです。「戦争」を知っていれば「敵基地攻撃能力」なんていう言葉は出てきません。後藤田のいう「小泉君は戦争の経験がないわな、それに勉強してない人だわな」は、そっくり「岸田君は戦争経験ないわな、それに勉強してない人だわな」と置き換えることができます。大岡昇平は「戦争を知らない人間は、半分子供であります。戦争の真実に目をつぶって平和国家が建設出来ると思うのは、多分永久に騙されることにほかならないでしょう」と言いました。半藤一利は「直接の戦争体験の有無をいっているのではない。戦争や軍備にたいする深い洞察と想像力の欠如している子供が、いまの日本に多くなった。それを心から憂える」と、「いま戦争と平和を語る」井上亮編（日本経済新聞出版社）

に書いています。そうした子供たち、それも無知な子供たちが国会の半分以上を占めているのです。その様子を、神保太郎『世界』編集部編「メディア、お前は戦っているのか　メディア批評2008―2018」(岩波書店)で知ることができます。それは、二〇一七年三月、衆議院予算委員会で稲田防衛大臣に、民進党の後藤裕一議員がいきなり「重要影響事態とはどんな事態ですか」と切り込んだときのことです。稲田大臣はしどろもどろ――

後藤議員は「違います!」と一喝、「重要影響事態法第一条」が想定するのは、朝鮮半島有事や中国艦艇の尖閣接近などに対して、武力行使是非の判定を下さねばならない事態であり、防衛大臣の無知は、文民統制の無能に通じると断じた。
もう一人、「共謀罪」審議中の金田法務大臣の答弁は聞くに堪えなかった。一般人による組織犯罪の準備を見分ける基準として、ビール・弁当持参は花見、地図・双眼鏡携帯は(犯罪の)下見」と説明するにいたっては、「幼稚」を通り越し「軽薄」の域に達していたが、もっと怖いのは、彼がこれを答弁技術と心得ているかもしれないということだ。

山口二郎著「戦後政治の崩壊―デモクラシーはどこへゆくか―」(岩波書店)には――

これらの政治家は、戦後教育を受けながら、戦後民主主義に対する不満を政治的動力としている。戦後民主主義の下で日本は半人前の国家であり、国民としてのプライドが持てなかったというのが、彼らの戦後に対する認識である。そして、憲法や安全保障に関する戦後枠組みを見直すことに、政治家としての使命を見いだしている。

「親が親なら、子供も子供」の類で、親も子もアメリカのご機嫌をとって、言うことを聞いておけば、間違いないと思っているようです。ところが、そのアメリカは少女暴行です。沖縄タイムスは号外で「米兵が中学生暴行――『またか』衝撃走る」と報じました。この号外は、二〇〇八年です。「またか」というのは、一九九五年にも同様な事件が発生しているからです。時を経て二〇二四年、「米兵の性的暴行5月にも　沖縄起訴後も公表なし」朝日新聞の見出しです。アメリカには、ものが言えない子供たちですから、私の想像では、閣議で「二度あることは三度ある」「三度あることは六度あるから、仕方ないがないよナ」と、話題にしているのではないかと思います。

とにかく、自公政権は、トランプ同様「アメリカ、ファースト」ですから。自衛隊がイラク入りした本当の理由は「アメリカの貢献です」と言ったのは、伊勢崎賢治です。著書「国際貢献のウソ」（ちくま書房）には――

イラク南部サマーワに派遣された自衛隊は、日本国内政局でスッタモンダのすえ、特別措置法でしか法的根拠をつくれませんでした。（だって違憲行為ですから）。そのままでは国民に対してイメージが悪い。そこでODA支援をくっつけることで、自衛隊派遣という武力行使の「民生性」を演出したわけです。

高藤菜穂子は、「自衛隊のイラク派遣は、日本人が思っている以上に深刻な転換期だった」と言い、著書『命に国境はない　紛争地イラクで考える戦争と平和』（岩波ブックレット）に――

日本の自衛隊派遣は、四〇カ国以上が参加する他国軍の中で最も注目されました。中東諸国では、日本は『平和ブランド』で知られていました。特にイラクでは一九七〇年後半から八〇年代まで、いくつもの日本企業が進出していて、日本人が現場の人々とともに汗を流してイラク中の病院や大学などの建物を造ってきたことがより一層親日家を増やしていました。ところが、自衛隊のイラク派遣は、そうした『平和ブランド』のイメージを全面的に覆すインパクトを持っていたのです。

イラク入りした自衛隊は、オランダ軍の基地近くに宿営しました。イラク戦争で最悪なのは、明確な前線というものがなかったことだ、と言われています。

これまで日本のパスポートを「平和のパスポート」として実感していたのは、海外で活躍していた方々です。「九条を変えたら、日本国籍はいらない」と言っていたのは、中村哲です。中村哲は「世界の人々は、武力の行使を永久に放棄した憲法を持つ日本を、敬意と憧憬の眼差しでみていた」と言いました。それが変わりはじめたのは、一九九一年の湾岸戦争のときからだと、つまり世界の人達の目も「怖い日本」と位置づけて見はじめたのです。

イラクへ派遣された陸海空の自衛隊は、五年間で延べ一万人、隊員の精神面にも大きな影響を与えました。NHKの調べで、このうち帰国後二八人が自ら命を絶っていたことが分かりました。（NHKの「クローズアップ現代」二〇一四年四月一六日放送）。イラク戦争で派遣した自衛隊員の死者は出ていない、という言説に対して、伊勢崎賢治は、自殺は「日本人の戦死と何が違うのでしょうか」と疑問を投げかけています。

イラクでは戦争につきものの、レイプや拷問も横行しました。ツヴェタン・トドロウ著「民主主義の内なる敵」大谷尚文訳（みすず書房）には――

二〇一〇年一〇月、一連の文書がアメリカ政府とは別個の筋、すなわちウィキリークスのチームによって公にされた。人々はそこで、いかに、イラクを占領しているあいだ、あらゆる種類の暴力――殺人、レイプ、拷問、嫌がらせ――が日常的に行われていたか、そしていかに、それらの暴力がアメリカの民間の軍部の当局者からの反応をほとんど喚起しなかったかを知ることになった。だが、彼らはそれらの暴力を知らないわけではなかったのである。これらの暴露に対するアメリカ政府の反応は奇妙なものだった。アメリカ政府は機密漏洩の出所と、漏洩したことを広めた者は誰であるかを発見することにあらゆる努力を注ぎ込んだ。彼らを裁判に引きずり込むためである。情報源と想定された兵士プラットリー・マニングは逮捕され、グァンタナモに収容されているテロリストのように、危険な犯罪者扱いされた。彼はハラスメント、辱め、心理的拷問をこうむった。それに反して、アメリカ占領軍によって行われた犯罪行為については、ひとことの遺憾の言葉も発せられなかった。

テロに関与しているとして数多くの人を収容、監禁、拘禁しているグァンタナモ収容所とはどんな所か。母国モーリタニアで捕まり、ヨルダンを経てグァンタナモ収容所に移送された、モハメドゥ・ウルド・スラヒは、「グアンタナモ収容所地獄からの手記」中島由華訳（河出書房新社）に――

約二カ月間、私から睡眠を奪い、私の抵抗心をくじこうとしたが、成功しなかった。私を眠らせまいとして、室温をとんでもなく低く設定したり、これまでの人生のありとあらゆることを書かせたり、水をしょっちゅう飲ませたりした。ときには私を一晩中立たせておくこともあった。一度など、私を辱める目的で、（――黒塗り）看守の手を借り、私を真っ裸にしたこともあった。別な夜には、アメリカ政府のプロパガンダ用写真がびっしり貼られた、凍えるほど寒い部屋に私を閉じ込め、アメリカ国歌をくりかえし聞かせた。

本書を杉田敦は、〈──特質すべきは、すさまじい虐待の中でも、相手を冷静に観察する著者のまなざしである。焦って暴力に訴え、苦し紛れの言葉に振り回される尋問者たち。関係国の主権を踏みにじり、人権の原理を放棄したあげく、情報もなく袋小路に入るアメリカ。「テロとの戦い」がはらむ矛盾が、そこに集約されている〉と評しています。

米軍はイラクで、白リン弾を使用したことを認めました。白リン弾は、充塡している白リンが空気に触れると自然発火して炸裂し、煙状のリンが発生します。リンは、人間の体に付着すると皮膚だけでなく、骨まで焼き尽くします。そうしたことを知ってか、知らずか、「政治家の家に生まれ、何不自由なく育てられ、親の遺産を相続して国会議員になった」いわゆる、大人になりきれない子供たち。そうした子供たちの大将となった岸田は、「防衛力の強化」を口にして、戦争ゴッコをするかのように、子供にせがまれるまま親は武器を買い与えています。

この軍拡政治で、日本は147機ものF35戦闘機を購入し、製造国であるアメリカに次ぐ保有国となりました。世界で欠陥機として拒否されているオスプレイは、世界でここ一国、アメリカのボーイング・ベル社から17機購入しました。最新鋭空中給油機や無人偵察機グローバル・ホーク3機を購入しました。このように、米軍需産業が大喜びする軍拡政治が次々と進められてきたのです。(編集・発行／安保破棄中央実行委員会)

ところが、朝日新聞（2024／7／11）によると、政府は〈使い切れなかった不用額が約1300億になるとの見通しを明らかにした〉と、伝えています。

林芳正官房長官が同日の記者会見で明かし、契約額や人件費が予算を下回ったことを要因に挙げ、「不用の割合が例年と比べて高いものではないと聞いている」と語った。しかし、財務省関係者からは「予算を急に増やし過ぎ、業者との調整などが追いつかなかった」との指摘が出ている。

防衛費は毎年度、〈予算の1～2％にあたる1千億程度が不用となっている〉と言われていますが、全くの無駄使いだと思います。「あの島は、防衛が手薄だから攻めていこう」という国が存在するのでしょうか。「防衛」というからには、攻めてくる国を想定しているのでしょう。よく、耳にするのが「北朝鮮が攻めてきたら――」です。半田滋は、著書「日本は本当に戦争をするのか――集団的自衛権と自衛隊」（岩波新書）に――

北朝鮮からの攻撃があれば、自衛隊が対応すればよいだけである。侵略にそなえて毎年五兆円近い防衛費をかけて護衛艦、戦闘機、戦車などの武器を買い揃え、自衛官二十三万人を養っている。小規模侵略なら独力で対応し、米軍の打撃力が必要なら日米安全条約にもとづき、支援を要請することになっている。

　だが、北朝鮮は攻めてくるだろうか。日本と北朝鮮との間には韓国があり、在韓米軍が駐留している。大規模な第二次朝鮮戦争となると考えるのが軍事常識といえる。


　さらに、〈あえて集団的自衛権を持ち出さなくてもできること。起こらないことをわざわざ追加したのは「北朝鮮」の名を出せば、国民から支持されると考えたのだろう。日本は首相が国民の不安をあおる希有な国になろうとしている〉と。保阪正康は本書を、〈「歴代の自民党政権の憲法解釈を否定し、独自のトンデモ解釈を閣議決定する行為は立憲民主主義の否定であり、法治国家の放棄宣言に等しい。『首相によるクーデター』と呼ぶほかない」との著者の指摘は、まさに歴史的警告といっていいであろう〉と評しています。この本が出版されたのは二〇〇四年で、小泉政権の時代です。〈筆者は、「構造改革」や「テロとの戦い」という笛の音にだまされるなと訴えるためにこの本を書いた〉と、〈あとがき〉に書いていいます。政権は小泉から安倍政権、麻生政権を経て、民主党が政権の座につきました。そして、二〇一三年に再び安倍政権となり、菅政権になります。菅首相のとき、日本学術会議の新会員任命拒否がありました。佐藤学はこれを「クーデター」と言いました。

　そして、岸田政権へ移行しましたが、変わらないのは「敵基地攻撃能力」で、総仕上げというべき「安保3文書」を閣議決定したことです。

でも、攻撃するときは守備の3倍という法則があって、攻めるよりも守る方が有利です。本当に侵略をするためには、守る側の3倍の兵力がないと打ち破ることができません。これは古今東西すべての戦争に言えることです。

基本的に正規部隊が攻める場合は、日本の自衛隊が定員25万人、実際は20万人として、日本を侵略するには60万人の部隊を一挙に上陸させないと日本を占領することはできないということです。北朝鮮や中国は60万人を一挙に運ぶ船を持っているでしょうか。もっていませんから日本に攻めてくることはないのです。

と書いているのは、池上彰著「日本は本当に戦争する国になるのか?」(SB新書)です。私は逆に、北朝鮮の方が日本が軍備増強しているのは、われわれを攻めるためではないのか、と恐れていると思います。かつて日本は朝鮮を併合し、朝鮮総督府を設置しました。そして、土地を取り上げ、母国語の使用を禁じ、「創氏改名」で氏名までとりあげたのです。そのため再び取りあげに来たら、ミサイルをぶち込むぞと懸命にアドバルーンを上げているのではないでしょうか。中国とて同じこと、昔占領された満州に再び侵攻してくるのでは——と。しかし、仮に「尖閣で日本と中国の衝突が起きれば、日本にとって勝てる戦いにはならない」と書いているのは、丹羽宇一郎著「戦争の大問題」(東洋経済新報社)です。

日本で尖閣諸島の領有を力で中国に認めさせろと主張している人々は、日本が簡単に勝てると思っているのかもしれないが、公表国防費が日本の防衛費の３・６倍（ＧＤＰは日本の２・４倍）である現在の中国軍の実力はそれほど低くないのだ。

いや日本の戦力はそうでも、日本には日米安全保障条約があるではないか。いざとなったらアメリカ軍が日本を助けて一緒に中国と戦ってくれると考えている日本人は多い。

しかし、何度も述べているように、日本の無人島のためにアメリカが本気で自国の若者の血を流し、自国経済に大打撃となるような決定をするはずがない。

そもそも「日米防衛協力のための指針」（ガイドライン）の英文には、日本の防空も上陸作戦の阻止、排除も一義的に自衛隊の責任と定められ、アメリカ軍は何もしなくても責任は問えない形になっている。

日中が尖閣で衝突したら、自動的にアメリカが出てくるという議論は幻想に近い。

一方、ロシアは本気で日本は武力で千島列島を取り返しにくるのではないかと思っているでしょう。現実に、日本の国会議員のなかには、「戦争しかないのではないか」と発言した議員がいたのですから。それは、「ビザなし交流」に参加した、維新の会の丸山穂高衆院議員の発言です。私は総理の「敵基地攻撃能力」の発言と、丸山議員の「戦争しかないのでは」の発言は〝五十歩百歩〟だと思いますが、このとき大塚団長は「戦争はすべきでない」と、真っ当な答えを返しています。

岸田首相は第二一一回国会開催の施政方針演説で、「憲法改正もまた、先送りできない状態です」といい、第二一二回臨時国会でも、「『あるべき国の形を示す』国家の基本法たる憲法の改正もまた、先送りできない課題です」と演説しています。こうした演説は、今から七七年前、一九四七年に文部省が作成した「あたらしい憲法のはなし」を読んでからにして頂きたい。さもなくば、これは「文部省が間違っていました」と、訂正してから発言して欲しい。子供たちにも分かるようにやさしく書いていますので、ここに一部を再録します。

「よその国と争いごとがおこったとき、けっして戦争によって、相手をまかして、じぶんのいいぶんをとおそうとしないということをきめたのです。おだやかにそうだんをして、きまりをつけようというのです。なぜならば、いくさをしかけることは、けっきょくじぶんの国をほろぼすようなはめになるからです。また、戦争とまでゆかずとも、国の力で、相手をおどすようなことは、いっさいしないことにきめたのです。これを戦争の放棄というのです。そうしてよその国となかよくして、世界中の国が、よい友だちになってくれるようにすれば、日本の国は、さかえてゆけるのです。みなさん、あのおそろしい戦争が、二度と起こらないように、また戦争を二度と起こさないようにいたしましょう」と。くどいようですが、繰り返します。「いくさをしかけることは、けっきょくじぶんの国をほろぼすようなはめになるからです」。

第三章 「戦争」の後遺症

戦争は勝者も敗者も区別なく深刻な傷を残します。歴史上どんな戦争でも利益よりも失う犠牲の方が大きいのです。イアン・J・ピッカートン著「勝者なき戦争　世界戦争の二〇〇年」高田馨里訳（大月書房）には――

二〇世紀初頭、戦争における犠牲者の五パーセントが民間人だった。しかしその数値は第一次世界大戦時に一五パーセントに増大した。第二次世界大戦において、都市への空襲が行われたために、犠牲者に占める民間人の割合は六五パーセントに急増した。一九九〇年代半ばまでの間においては、戦死者の九〇パーセントが民間人であり、その殆どが女性と子どもたちである。

島田雅彦は、＜本書はここ二百年のあいだに起きた戦争がもたらした結果に、公正な歴史的評価を下そうとしているが、その結論は歴史上のどんな戦争も得られる利益より失う犠牲の方が大きいということである。多くの場合戦勝国の損害も甚大であり、歳月の経過とともに勝利や敗北の意味は薄れるどころか、逆転しさえもする＞そして、＜連合国が作った二十世紀の後半の世界秩序も、旧植民地や共産国の逆転によって綻びが出ている。軍需産業を抱える連合国とその協力国が国益をかざし、さらなる戦争に踏み切れば、おのが没落を早めることになる〉と。

戦争がもたらす恐ろしさは、戦場から九死に一生を得て帰国しても、日常の生活に戻ることが出来ないのです。アフガニスタンとイラクに派兵された米軍兵士は約二〇〇万人、そのうち五〇万人はＰＴＳＤ（心的外傷後ストレス障害）とＴＢＩ（外傷性脳損傷）に悩まされているといいます。

派遣前は善良な市民だったのに、一転して社会生活についていけなくなり、精神障害、暴力、薬物中毒に陥り、毎年二四〇名以上が自殺していると、デイヴィッド・フィンケル著「帰還兵はなぜ自殺するのか」古屋美登里訳（亜紀書房）に書かれています。

あれから二年、アダムは二十八歳になり、除隊してから体重が増えた。立派なシューマン軍曹として戦場を離れるとき、骨と皮も同然だった。いまでは十キロ増え、前のようにがっしりしている。少なくとも体は。しかし精神は、帰還した頃のままだ。頭を撃たれたエモリーがいまでも彼の背中でぐったりとなり、エモリーの頭から噴き出しつづける血がいまも彼の口の中に入りこんでくる。アダムがいちばん気に入っていた部下のドスターも、アダムが参加することになっていた任務で道端の爆弾でやられ、何度も何度もずたずたにされている。そしてドスターが死んだあと、別の兵士がアダムに、「あんたがいたら、こんなひでえことにならなかったのにな」と言っている。当時はアダムを称えるために言われた言葉だが——アダムは目敏く、いつも隠れた爆弾を見つけ、だれもがアダムを信頼していた——それはもう以前の意味を失っている。その言葉は、爆弾のように彼の体をばらばらにする。（中略）誰もが魅力を感じ、応援したくなる男で、頭が切れて、親切で、高潔で、勘のいい男だった。それなのにいまはどうだ？「すっかり壊れちまった」とアダムは言う。

本書を、〈著者は戦闘ストレスと必死に抗う元兵士に寄り添いながら、その苦悩を現代社会に正確に伝えようとの姿勢に徹する〉と評しているのが、保阪正康です。そして〈今の日本でもっとも読まれるべき書というのが率直な読書感だ〉と。

アメリカ人の心に残るイラク戦争の傷痕について、エリコ・ロウ著「本当に恐ろしいアメリカの真実　反面教師・アメリカから何を学ぶか」（講談社）には——

イラクやアフガニスタンから戻ってきた帰還兵の多くは、殺すか殺されるかの戦場の現実と平和で豊かなアメリカの現実とのギャップが大きすぎるため、日常生活に適応不全を起こすといわれている。出征前と帰還後では別人になってしまう例も少なくない。

また２００７年には18歳以上の人口の10％を越える約２４３０万人がＳＰＤ（重度心

理的ストレス障害）といわれ、その半数弱が精神科の治療を受けた、というデータもある。

加えてアメリカには精神を病む帰還兵の問題もある。ベトナム戦争から撤退してから35年以上たった今でも、多くの「ベトナム帰還兵」はＰＴＳＤや薬物・アルコール依存症から立ち直れていない。その上、７年越しの長期戦となったイラクやアフガニスタンでの戦争が、同様の問題に悩むことになるベテランたちをアメリカ社会に大量放出しているのだ。

帰還した戦士が市民生活に戻ろうとしたときに襲われる困惑、無力感、背徳感にモラルインジャリー（道徳的負傷）があるといいます。この傷は、極度のトラウマであり、嘆き、悲しみ、屈辱感、罪悪感などのかたちで、あるいはその複合形となって現れ、病的なまでの孤立感といった症状を呈すると。時間は傷の痛みを和らげることもあるが、このモラルインジャリーの苦しみは時が経つだけでは癒えない。そこで、傷を癒すためアメリカ横断を計画して実行した男の記録が、トム・ヴォス、レベッカ・アン・グエン著「帰還兵の戦争が終わるとき　歩き続けたアメリカ大陸２７００マイル」木村千里訳（草思社）です。

はるか遠くまで歩けば、亡霊と戦争の記憶を振り切り、頭にこびりついた自殺念慮を拭い去れる。山あり海ありの広大な空間さえあれば。ロサンゼルスなら、イーサンの住んでいる所は近いうえ、ミルウォーキーから恐ろしく遠い。完璧だ。可能な限り遠くまで歩けば、時間は稼げる。私には何分も何時間も延々と続く道のりが必要だった。

2014年2月1日――ミルウォーキーの海際にあるウォーメモリアムで見送られてから5カ月と2日、距離にして4345km（コロラド州プエブロからニューメキシコ州アルバカーキまでの約550kmは車で移動したため、4345キロの旅のうち歩いたのは約3795kmとなる。嵐から脱出できたことに――そしてこの注釈をつけられたことに――永遠に感謝する）。とうとうやった。歩いてアメリカ横断した。旅は終わったのだ。

日中戦争や太平洋戦争で戦った日本兵はどうだったのでしょうか。島本慈子著「戦争で死ぬ、ということ」（岩波新書）には――

人と人が殺しあう戦争は、人の心を破壊する。

「どの航海にも精神症患者が一割はいましたが、ラバウル航路は特に多く、私の担当に、精神症の将校さんがいました。戦争は身体だけでなく、心まで傷つけるのです。それは将校さんも兵士さんも同じでした」（守屋ミサ・前掲載）

まだ日中戦争のときから、上海の陸軍病院には、「戦地で爆撃の音や恐怖のために気が狂って、精神科送りとなった患者がたくさんいた」という。（市川多津子『上海陸軍病院』）。北京にあった陸軍病院にも精神病棟が設けられていた。そこには将校さんも兵士も一緒に入っていた。ある中尉は、風呂敷に包んだ洗面器を持って、「自分は天皇陛下のところに行くんだ」と、病院の廊下を駆けていく。舌を噛み切った将校もいた（谷川美津江・前掲書）。

精神を病むのは日本人だけではない。ビルマの病院には、落下傘部隊所属だったというイギリス兵が運びこまれた。精強だったはずのイギリス兵は、いつも真っ裸になり、食べ物と排出物をこねていた。「ハロー」「グッドモーニング」と声をかけても振り向かず、暗い壁のほうを向いて排出物をこね続ける。その姿に「この方にも両親があり、兄弟もあるだろうに」と思うと、看護婦は胸に熱いものがこみあげて立ち去るのが常だったという（福田哲子『ビルマ風鐸』）

病院船から投身自殺をした兵士もいた。残された手帳には「召集を受け、内地の方々にばんざい、ばんざいと送られたのに、これという手柄もたてないうちに、病気になって祖国に帰ることは申し訳ない。親兄弟、また近所の方々に会うのが辛い」と書かれていた。

日本軍兵士のトラウマについては、中村江里が「戦争とトラウマ　不可視化された日本兵の戦争神経症」（吉川弘文館）の序章に――

戦争と兵士の精神疾患の問題は、歴史的には第一次大戦期の欧米諸国における「シェル（砲弾）ショック」「戦争神経症」から広く知られるようになった。体に目立った外傷がないにもかかわらず、震えが止まらなくなり、手足が麻痺し、声が出なくなる兵士が多数出現し、それらの症状が心理的な原因で引き起こされているのではないかと考えられるようになったのである。その後、深刻な精神的ダメージを負ったヴェトナム帰還兵たちの自殺やアルコール中毒などの増加が社会問題化し、「心的外傷後ストレス障害（PTSD）」という診断名が誕生したことはよく知られている。

一方、日本社会の中でトラウマやPTSDに関する共有知が形成されたのは、一九九五年の阪神・淡路大震災と地下鉄サリン事件がきっかけであったといわれている。しかし近代以降の日本において、身の毛がよだつほどの恐ろしい経験をした人々が示す反応に対する関心が全くなかったわけではない。とりわけそれが集団的に発生し、関心を集めたのは、戦時の軍隊内においてである。

ちなみに、戦争が兵士の心身にもたらす傷の実相は、現代においてもなかなか軍隊の外には公表されない。近年の例では、アフガニスタン・イラク戦争に派遣された米軍兵士の中では、自殺した帰還兵の方が国外の戦闘で戦死した兵士よりも多いことがよく知られているが、これは二〇〇七年七月に二つの帰還兵の団体がニコルソン退役軍人省長官などを被告として集団訴訟を起こし、ようやく公開された統計である。増加し続ける自殺の防止対策として米軍医ロダン・コーナムは、「心身ともに鍛えられた人」を作り出すと述べているが、そもそものような精神的葛藤を生み出す戦争・軍隊への根本的な疑問という視座は欠落している。

安全保障法制をめぐる議論においても、自衛官の心身にもたらされるリスクが問題となった。

「人を殺す」ことが日常になっていた戦場から帰還した兵士が、大きな精神的負担を強いられている例を本書は示しています。後遺症は兵士だけとは限りません。

日中戦争時、日本軍は国際法で禁じられた毒ガス兵器を秘密裡に製造・保有していました。イペリットは皮膚に付着すると潰瘍といった症状を繰り返し、吸い込むと慢性気管支炎や肺気腫を引き起こします。そうした毒ガス兵器を、日本は大久野島でつくっていました。

大久野島でつくられた陸軍の毒ガスは、せっせと中国大陸に運ばれた。中国戦線で毒ガスが使用されたのは2000回以上、死傷者は8~9万と推定されている。なかでももっとも悲惨な使用例が、北坦村で1942年5月27日に起きた虐殺事件だ。

北京の南西二百数十キロメートル、北坦村はのどかな農村だった。1937年に日中戦争がはじまってもしばらくは平和な暮らしが続いていた。だが日本軍は各地で食糧を奪い、女性を強姦し、抵抗する者を殺しながら、じわじわと北坦村に近づいてきた。それを中国語で「蚕食（ツアンシー）」という。蚕はムシャムシャと音を立てて桑の葉を食い尽くしていくのだ。

北坦村周辺では、ある時期から盛んに地下道が掘られた。もともと各家にあった山芋を貯蔵する地下倉庫を隣どうしでつなげていった。農民たちは日本軍が襲ってきたら地下道に逃げ込む。かまどの下や土間の隅など一見わからない場所が地下道の入り口になっていた。

つまり、この地下道に毒ガスを投げ込んだのです。命からがら外にでると、片っ端から切り殺し、撃ち殺し、強姦したと。「北坦村虐殺事件の犠牲者は民兵と村人、合わせて約800人。1000人は殺した」という日本兵士の証言もあると書いているのは、安田浩一文　金井真紀文と絵「戦争とバスタオル」（亜紀書房）です。こうした毒ガスは、大久野島で15年間に約6616トン製造され、終戦時にはその半分ほど、約3200トンが残されていたといいます。

終戦後のいちばんの問題は、毒ガス剤の処理です。さすがにそれだけのものを秘密裏に始末することはできないので、連合軍の手に委ねられることになったといいます。最初は全部、瀬戸内海に捨てる予定だったようですが、地元関係者からそれだけは止してくれとの声で、太平洋になったとか。一方、日本軍が中国に残してきた毒ガスがあります。

私は李臣と申します。五六歳です。一九七四年一〇月二〇日、日本軍の遺棄した毒ガス弾による被害を受けました。非常に健康だったのが、今日まで、入退院を繰り返す人生です。

私は日本政府に対して三つの要求をします。第一に、中国に遺棄した毒ガス弾すべて徹底的に破棄処理することです。第二に、このような悲劇が再び起こらないように中日両国の間に本当の友好関係ができるようにするために、過去において中国で毒ガス戦を行っていたこと、中国国内に毒ガスの被害者がいること、このような歴史事実をきちんと認めることです。第三として、私及び家族の精神的、肉体的、経済的な損害の事実を認め、きちんと賠償することです。(二〇〇二年五月一三日　東京地方裁判所)

私は劉敏、二六歳です。一九九五年八月二九日、日本軍の残した砲弾が爆発し、父劉遠国は亡くなりました。

事故のあった日、父は、道路工事に出ていました。私は高校二年生で、新学期が始まる前の登校日で学校に行っていて、放課後の昼ごろ家に帰ったとき、隣の人から、父が事故に遇ったことが教えられました。事故の翌日の新聞には、砲弾の解体作業中に爆発したと書かれていますが、父はそのような技術を持っていません。きっと砲弾を運んだときに爆発したのではないかと思っています。

中国人戦争被害賠償請求事件弁護団編著「中国人戦後補償裁判の記録ＪＵＳＴＩＣＥ」（高文研）には、〈遺棄砲弾の爆発によってなくなった父〉とか〈夫を７３１部隊に送られ、自身も激しい拷問を受けた〉実例の多くが掲載されています。

戦争は多くの人に犠牲を強いるものです。しかし、戦争が終わっても悪夢は続きます。ある日突然、何の罪もない人々を〝戦時〟に引きずり込むのが原爆症です。これまで見たことも、聞いたこともない爆弾が原子爆弾だったのです。

「戦争の歴史において、今回、あなたたちが広島に投下する爆弾は正真正銘、まさしく前代未聞です。その破壊力はとうていこの世の物とは思えません。投下点五キロメートル四方にあるすべての物は高熱で蒸発し、それより外にあるものは途方もない爆風で吹き飛ばされます」

搭乗員は誰もが信じられないという顔であっけに取られていたが、映写の用意が出来たという助手の合図を見て、大佐は「これからご覧いただく記録映画は特殊爆弾の爆発実験映像です。この映画は爆心地により近い場所で撮影されているため、比較的はっきりとその様子が写っています。しかし私はこの実験をアルバカーキの飛行場から飛び立ったＢ・29の中から見ていましたが、実際の爆発はこんなものではありません。ともあれ、この記録映画を観ましょう。私の話はそれが終わってから続けます。
映画が終了した時、搭乗員すべてが驚き、凍りついた。誰も押し黙り、身じろぎする気配もなく、巻き取られて役目を終えたフィルムがリールの中でカラカラとやたらに大きな音を立てている。

と書いているのは、本多巍耀著「原爆を落とした男たち　マッド・サイエンティストとトルーマン大統領」（芙蓉書房出版）です。さらに、爆弾投下後――

フィアビー少佐はすぐにゴーグルをかけ、爆心地に背をむけて急降下反転で生ずる猛烈なGに耐えていたが、次の瞬間、真っ向から強力なフラッシュをたかれたような具合になって目がかすみ、数秒間、機内はこの世のものとは思われぬ光に満たされているのを見て茫然とした。
ティベッツ隊長は、爆発の瞬間、空が白く、太陽よりもまぶしく輝いたのを見て本能的に目をつぶったが、脳の奥まで光に満たされたような感覚になった。次の瞬間、激しい衝撃波がやって来て口から内蔵が出るかと思うほど揺さぶられ、かろうじて機体を水平に保った。この直後、隊長は歯がうずくような妙な感覚にとらわれ、鉛の味が広がったことをテニアンに帰投して軍医に報告した。後にこれは、歯の詰め物が原子力の放射エネルギーに反応していたと判明した。

落とされた側はどうだったのか。堀川恵子著「原爆供養塔　忘れられた遺骨の70年」（文春文庫）には――

想像することすら追いつかない大量虐殺の現場ゆえ、広島の死者の存在は一〇万とか二〇万といった概数でしか語られていない。その渇き切った乱暴な響きには、臭いもなければ手触りもない。痛みや哀しみといった当たり前の感情も感じられなければ、それが殺された人間を数えたものであることすら想像できなくなっている。その日、暗い地面の下から掘り出された「ひとり」と、「二〇万人」という言葉の距離は、とても繋がり得ないほど遠い。

生きている人も無残だった。片頬がえぐられて奥歯が見える人、片耳が溶けて垂れ下がった人、太ももに穴が開き皮膚がずるむけの人、背中一面にガラスが突き刺さった人、みな一様に「死んでもいいから水を」「水、水、お願いです」とすがりつくように懇願する。あまりの水欲しさに、水道に向かう廊下には、息絶えた人がそのままの姿で点々と倒れていた。

広島市による戦後の調査によると、爆心から三・五キロメートル以上離れた場所でも、素肌を出していた人は熱線による火傷を負っており、一・二キロメートル地点では、八〇～一〇〇パーセントが死亡したと推定されている。また爆心から六〇〇メートル以内では、屋根瓦の表面が溶けてぶつぶつの泡状になるほど高温になり、奇跡的に即死を免れた人も数日後にほとんどが亡くなっている。

ところが、アメリカは一九五四年三月一日に太平洋のビキニ環礁で水爆実験を行いました。これによって、日本の漁船「第五福竜丸」の乗組員が被爆し、一名が半年後に亡くなったのです。ジェームズ・L・ノーラン著「原爆投下、米国人医師は何を見たか　マンハッタン計画から広島・長崎まで、隠蔽された真実」藤沢町子訳（原書房）には――

もう戦争は終わっていた。アメリカ軍は日本のふたつの都市を消滅させ、原爆の破壊力をたっぷりと見せつけた。それなのになぜ、さらなる核兵器実験が必要だったのだろう？　答えは複雑だ。そもそも、みんながみんなクロスロード作戦を支持したわけではなかった。たとえば、ロバート・オッペンハイマーは、まったくもって不要と考えていた。彼は、ハリー・S・トルーマン大統領に宛てた一九四六年五月三日付の率直な手紙のなかで、はっきりと入念に反対を表明し、自分の懸念は科学会で広く共有されていると主張した。第一に、アメリカを含む世界の国々が核兵器開発の国際管理を確立しようと動きだした今、あえてこうした実験をおこなうのは賢明な選択なのかと疑問を呈した。

つぎに、推定される費用（約一億ドル）を考えれば、擁護の余地はなく、所望の結果は実験室での実験によってもっと安価かつ正確に得ることができると論じた。

ビキニの人々は、島を追い出されてから七〇年以上がたった今も、故郷で暮らすことができずにいる。いぜんとして、住むには毒が多すぎるからだ。土壌からは追跡可能な高いレベルの誘導放射性核種セシウム１３７が確認されており、それゆえ環礁の果物や野生動物の一部が汚染されている。ビキニの人々の窮状は、ほんとうに悲しい話である。

このビキニ実験を起点に、原水爆禁止運動がはじまります。それは大きなうねりとなって日本を包み込みました。この急速な高揚に危機感を募らせたのはアメリカです。そこで、原爆へのアレルギーを緩和する「原子力の平和利用」、つまり原発を導入させようと画策したのです。その水先案内になったのが読売新聞です。〈アメリカは新聞の影響力が強いことを知っていた〉のです。柴山哲也著「いま、解読する戦後ジャーナリズム秘史」（ミネルヴァ書房）には――

なぜそう考えたかというと、戦中に日本の新聞が果たした大本営の国民洗脳能力に注目していたからだ。戦争の事実を嘘に変え、報道によって嘘を真実に変える能力が洗脳効果である。ＣＩＡは日本の新聞の国民洗脳能力の高さに目をつけたのだ。ＣＩＡだけでなく、日本占領のため厚木飛行場に降り立ったマッカーサー将軍も天皇と新聞を無傷で残すことを考えていた。天皇は一〇〇万の軍隊に相当する影響力があり、太平洋戦時下に日本の新聞には嘘を事実に変える国民洗脳能力があることをマッカーサーは見抜いていた。

そして、着々と実行に移されます。山崎正勝著「日本の核開発　1939~1955　原爆から原子力へ」（績文堂）には——

一九五五年に読売新聞が行った原子力キャンペーンは、どの報道機関のものよりも派手であった。1955年元旦の『読売新聞』は、一面の半分あまりを占める6段抜きの社告で、ジェネラル・ダイナミックス社の会長兼社長のジョン・J・ホプキンスを「原子力平和使節」として読売新聞本社が日本に招待することを報じた。社告には、ホプキンスの略歴とともに、読売新聞社社主の正力松太郎へ宛てたホプキンスのメッセージが載せられ、新年に当たり日本の原子力工業化を具体的に起こすことの検討を読売本社が目指していると告げられた。社告の横には「ホプキンス氏への期待」として、東京電力社長の高井亮太郎と経済企画庁長官の高碕達之助の談話が踊った。この記事の脇の「読売信条」には、「われわれは真実と公平と友愛をもって信条とする」という言葉が置かれていた。

本書を、上丸洋一は〈米政府と日本のメディアが「原水爆反対」の世論に対抗するため、手を携えて突き進んだのが「原子力の平和利用」キャンペーンだった。正力はその後、科学技術庁の初代長官に就く。原爆投下で100万人以上の死傷者が救われたなどとする米国の「原爆投下正当化論」がどう成立したのか。日本への原爆投下を韓国ではどうみているか。こちらに関する論考にも多くを教えられた。それにしても、原発を導入しないという選択肢は、日本にはなかったのだろうか〉と、評しています。本間龍著「原発プロパガンダ」（岩波新書）には――

一見、強制には見えず、さまざまな専門家やタレント、文化人、知識人たちが笑顔で原発の安全性や合理性を語った。原発は豊かな社会を作り、個人の幸せに貢献するモノだという幻想にまみれた広告が繰り返し繰り返し、手を替え品を替え展開された。その広告展開のために電力九社（原発がない沖縄電力を除く）が一九七〇年代から3・11までの約四〇年間に使った普及開発関係費（広告費）は、実に二兆四〇〇〇億に上っていた（朝日新聞社調べ）。これは、国内で年間五〇〇億円以上の広告費を使うトヨタやソニーのような巨大グローバル企業さえ、使用するのに五〇年近くかかる金額であった。

ところが、あれほど絶対安全だと言い張り、クリーンだなどと幻想をふりまいていたのに、事故が起きた途端、影をひそめました。代わって登場したのが、「事故で放出された放射能の危険性は少なく、健康への悪影響はない」という「安心神話」でした。〈原発事故とNHKの報道〉について、永田浩三、金平茂紀、水島宏明、五十嵐仁の四人が執筆している「テレビはなぜおかしくなったのか」（高文研）には——

NHKについて言えば、東大の関村直人教授を筆頭に、原発推進派の御用学者ばかりを登場させ、深刻な問題など起きていないと伝え続けた。「ただちに健康に影響はない」「爆発弁というのもある」「爆発的事象が起きたかも知れないが、安全に問題はない」「爆発のような音は聞いたが、確認はとれていない」「原子炉そのものには影響はない」「メルトダウンが起きているとは考えられない」……。

こうした、後になってみれば、虚偽とか隠ぺいともいえる報道が続いた。その結果住民は、例えば、南相馬などから、逆に放射線量の高い飯舘村に退避したり、線量が極めて高い、ホットスポットの浪江町赤宇木にとどまったりした。

何が起きているのか、いち早く伝えること。どれほどの危険が迫っているのかを、戦場における斥候のように伝える。これがメディアの大きな使命である。しかし、NHKを含めテレビメディアの多くがその職責を果たせなかった。

当時、テレビメディアは、原発報道において、「大本営発表」と同じだという批評を浴びた。ＮＨＫについて言えば、これほど屈辱的な形容はない。かつて、ＮＨＫは日本軍のお先棒を担ぎ、戦争を先導し、戦況を日本軍があたかも勝利しているように誤って伝え、日本国民だけでなく、東アジアのひとびとに甚大な被害を与えた。もちろん、当時のラジオメディアだけのせいで、あの戦争が引き起こされ、長引いたのではない。民衆が強硬な路線を望み、それにラジオが追従した側面もあった。しかし、だからといって、ＮＨＫの戦争責任を小さく見積もることはできない。

「組織はトップで変わる」と言われますが、これを実行したのが安倍晋三です。ＮＨＫの人事に介入、経営委員会に長谷川三千子や百田尚樹を押し込み、会長に籾井勝人を就任させました。川本裕司著「変容するＮＨＫ　『忖度』とモラル崩壊の現場」（花伝社）には――

ここ数年のＮＨＫのニュース、とりわけ政治報道に対する視聴者の見方は微妙に変化している。チェックが甘いというよりも、「政権と一体化しているのではないか」といった受け止め方が増している。その理由のひとつとして、12年に発足した第2次安倍政権になってから、政権の方針や意向をいち早く伝える〝スクープ〟が目立つことがある。ＮＨＫが速報した直後に、安倍晋三首相または菅義偉官房長官の記者会見が生中継で始まる、といったパターンの報道がめっきり増えたのだ。

同書を、斎藤美奈子は、〈ＮＨＫがおかしい。そんな声が強まったのは、籾井勝人氏が会長に就任した２０１４年頃からだ。新会長は就任会見で「政府が右というものを左とはいえない」と発言。百田尚樹氏ら経営委員の人選もあいまって、「報道と政権の一体化」疑惑が渦巻くなか、16年には「クローズアップ現代」のキャスターを23年務めた国谷裕子氏が降板した。（中略）加計学園問題で食い下がる社会部記者を「君たちは倒閣運動をしているのか」と制した報道部幹部。防衛省の日報問題に関する不自然な報道。事実を伝えようとする記者と、官邸を慮ってか牽制する幹部。抑えた筆致の中に著者の静かな怒りがこもる。自己規制するＮＨＫ。せめて現場の奮闘を願わずにいられない〉と評しました。ところが、「現場でも異常なほど腰がひけている」と指摘するのは、永田浩三です。「慰安婦問題」と言わず、「いわゆる慰安婦問題」と連呼し、インタビューした女性の文字スーパーに、「慰安婦と名乗る女性」にしたこと――

これは、どういうことだろう。慰安婦と名乗っているけれど、このひとは、本当は慰安婦だったかどうかは、わかりません。あやしいかもしれません。本人が勝手に言っているだけです。そもそも慰安婦なんていたかどうか、ＮＨＫはまったく関知しません――と言っているようなものだ。これまで、水俣病患者・ハンセン病患者・ヒロシマやナガサキの被爆者に対して、このような表記を一度でもしたことがあっただろうか。もし「被害者と名乗る女性」とＮＨＫが表記したらどういうことになるのか、想像してみてほしい。韓国の女性だと、直接文句を言わないと、タカをくって使ったのか。震えるほど恐ろしい。

と、「テレビはなぜおかしくなったのか」のなかで訴えています。「腰がひけている」というより、虚偽の字幕をつけたのが、二〇二一年に放送された「河瀬直美が見つめた東京五輪」です。映画監督の島田角栄が取材した人物の映像に、「五輪反対デモに参加している」「実はお金をもらって動員されていると打ち明けた」と、事実を確認せずに放映したのです。

二〇二二年一月一四日の朝日新聞は、〈NHK字幕問題制作側に甘さ〉を見出しに、四段にわたる記事を掲載しています。そのなかで、記者から、〈捏造ではないかとの指摘に「意図的、または故意に架空の内容を作り上げたという事実はない」と改めて否定した〉。これに対し、立教大の服部孝章名誉教授は「取材で確認できていない内容を字幕にしたという点では、今回は事実上の捏造にあたると考えられる〉と報じています。また、蓮池透著「拉致被害者たちを見殺しにした安倍晋三と冷血な面々」（講談社）には――

番組開始一時間以上前に局入りし、控え室へ案内される。番組ディレクターが台本を持って現れ、打ち合わせをするのだが、なんとその台本には、質問事項のあとに「模範回答」が書き込んである。

民放ではこんなことはない。台本には「お考えをお答えください」とあるだけだ。

「この通り話さなければいけないのですか」と尋ねると、「まあ大筋その辺で」との回答である。驚くとともに腹が立った。これは「言論統制ではないのか」と、最近のNHKは、その傾向がより顕著であるのは、みなが知る通りである。

政・官一体となった出演者への介入の一端を、益川敏英著「科学者は戦争で何をしたか」（集英社新書）で知ることができます。

二〇一四年一〇月に第二次安倍政権のもとで運用基準などが閣議決定された特別秘密保護法のことを私があるテレビ番組で批判したところ、その数日後に外務省の役人が私の研究所にやってきました。そして「先生が心配されるようなことは一切ない」と、私を懸命に説得するわけです。しかしそんな説得、私には通用しません。丁重にお帰り願いましたが、秘密保護というのは何を秘密にしているか分からんことが一番大きい問題なのです。そんなことは子供でも分かることでしょう。

役人が勝手に研究所を訪ねたとは考えられません。上からの指示だと思いますが、ノーベル受賞者を「説得」などできるわけはありません。それを承知の上での訪問ですから、プレッシャーであることは間違いないでしょう。プレッシャーと言えば、自衛官宿舎への反戦ビラ入れを「住居侵入罪」として「立川自衛隊監視テント村」の三人が逮捕された事件がありました。住居侵入罪は本来、住居に侵入したのかどうかを問題にすべきなのですが、今回の逮捕は、「宅配ビラのチラシはいいが、反戦ビラはけしからん」と言って逮捕されたのですから、考えなくても無茶な逮捕です。勿論、無罪になりましたが、そんなことは警察は百も承知で、いかに不当逮捕であっても、狙いは「悪いことをした人は逮捕する」ではなく、「逮捕される人は、悪い人」の印象を与えればいいのです。この事件があってから、さまざまなグループ・個人が行っていた自衛隊官舎へのビラ入れは停滞しているそうですから、警察側からみれば成功したわけです。

二〇一二年の春以降、原発の再稼働や原発輸出に異を唱えて、首相官邸と国会議事堂を包囲する金曜デモがありました。最初数百人でしたが、ピーク時は一〇万人を越えました。

しかし、このうねりに対して、テレビ、特にNHKは冷やかであった。当初は取材クルーすら出さなかった。この報道姿勢は、前の年二〇一一年明治公園でのデモでも顕著だった。私も人の輪の中にいたが、参加人員は警察側の数字しか紹介しない。原発事故は収束に向かっているというニュースを前後に挟むかたちで、極端に短く伝えるという、あまりにバイアスのかかった編集が行われた。

「テレビはなぜおかしくなったのか」の中で、金平茂紀は〈脱原発、原発再稼働反対を訴えるデモ・集会をどう報じるかをめぐっては、メディア間にかなりはっきりした扱いの違いがみられた〉として――

違いはとりわけ新聞において明白だ。福島第一原発の事故後も、読売・日経・産経といった新聞は明らかに、社説・社論において原発の推進・維持を主張し、脱原発集会、デモの報道に対して抑圧的、あるいは露骨な嫌悪感さえ滲ませている。

例えば二〇一二年九月七日付けの読売新聞社説は「展望なき『脱原発』と決別を」とのタイトルの下、「日本が脱・原発に向かうとすれば、原子力技術の衰退は避けられない。……高性能な安全な原発を今後も新設していくという選択肢を排除すべきではない」として、海外への原発輸出を積極的に勧めている。

逆に、東京・毎日・朝日の各紙は、福島の事故後、脱原発の方向に明確に舵を切り、今回の市民らの動きに一定のニュース性を見出して比較的大きく報じていた。とりわけ東京新聞は、紙面を大きく割いて脱原発・反原発の集会・デモの様子を詳報した。

林香里は著「メディア不信　何が問われているのか」（岩波新書）のなかで、〈とくに『産経新聞』の保守化、右傾化〉と〈『東京新聞』の左傾化が顕著であると言われているし、また『読売新聞』も、自民党および政権寄りであることも指摘されている〉と書いていますが、私は『東京新聞』が一番まともな新聞だと思っています。すでに紹介しました、「テレビはなぜおかしくなったのか」の中で五十嵐仁が、ニューヨーク・タイムズ東京支局長のマーティン・ファクラーは「三・一一以降、非常に良い仕事をした日本メディアもあると思います。『東京新聞』です。政府と距離を置いて批判的な記事を書いていました」との言葉を紹介しています。かつては、メディアが権力におもねることは恥ずかしいことだと思っていたはずですが、いまはテレビ局の幹部は官邸と距離をおくどころか、平気で食事会を持ち、番記者までお供をしているとか。森功著「総理の影　菅義偉の正体」（小学館）には――

「また菅さんに呼び出され、政権中枢の極秘情報を教えてもらった」

嬉々として話すマスコミの同業者たちは、軽量級のNHKの会長と似ていなくもない。決して菅批判はしない。メディア操作という陥穽にはまり、いつしか権力批判の牙が抜けてしまう恐れすら抱いていない。

しかし、東京新聞や毎日新聞は、誘いを断っているときもあるようですが、官側と食事をすることなどアメリカの記者からみると考えられないと。柴山哲也著「いま、解読する戦後ジャーナリスト秘史」（ミネルヴァ書房）には――

アメリカの記者の取材先との癒着への警戒感は半端ではないものだ。前にもふれたがスタバの三ドルのコーヒーをごちそうになる取材もダメだといわれている。それさえも記者生命にかかわるからだ。そうした潔癖さの中で、フリーハンドで書く自由を保っている。だから大統領や首相ら権力者の痛いところを突くこともできるし、政権に対する遠慮のない報道ができる。昨夜の食事を共にした人物を、翌日の記事で批判することは人情としてなかなか難しかろう。首相がマスコミ関係者らと会食を重ねる風景は政権の忖度を生む土壌だ。権力とメディアの編集幹部がこうした癒着関係にあるなど、欧米にはないし、ありえないことである。

そのあり得ないことが、日本ではあり得る摩訶不思議な国なのです。本書を、保阪正康は、〈著者は、しばしばアメリカの国立公文書館に赴いている。そこで探していた重要な外交機密文書を見つけたが、館員は日本の外務省の了解がないと見せられないという。外務省はこれほどまで取材の妨害をしているのかと、著者は驚く。本書は、著者の記者時代に起こった各種の事件（文化大革命、ベトナム戦争、湾岸戦争、オウム事件など）について自らの取材を踏まえ、日本型ジャーナリストの特徴を整理する。時代はジャーナリズムの劣化という方向に進んでいくのか、と著者とともに呟きたくなる〉と。村山治著「安倍・菅政権vs検察庁暗躍のクロニクル」（文芸春秋）には――

政治と検察の舞台裏に詳しい元警察官僚は、黒川の検事総長含みの勤務延長が決まった直後、安倍政権について「特異な体質の政権だ。法務省が何を言っても、聞く耳をもたなかった。いずれ毒が回る」と評した。その予言は的中し、安倍は任期を残して政権を放棄した。

安倍は去り、最高権力の座は、官邸裏方を取り仕切った菅が引き継いだ。菅は官房長官として配下の官房副長官兼内閣人事局長の杉田和博とともに、今年7年8カ月続いた第2次安倍内閣で検察人事について強い影響力を持っていた。2人は一連の騒動の政界側の影の「主役」だったと言ってもいい。この物語を読み進めていただければ、それは明らかになるだろう。

名実とともに裏表の権力を握った菅はさっそく、「地金」をあらわにした。政府から独立した立場で政策提言する科学者の代表機関「日本学術会議」が、新会員として推薦した候補の研究者105人のうち6人の指名を拒否したのだ。

人文社会系学協会連合連絡会編著「私たちは学術会議の任命拒否問題に抗議する」（論創社）のなかで、品川悦一は――

周囲をイエスマンで固め、異論を権柄ずくで排除し、あくまで横車を押し通す指導者は、相互批判によって知の高みをめざすことを知らない愚かものであり、したがってまた、民主主義からも最も遠い存在である。一言で言おう。菅義偉はファシストである。

本書は、任命拒否問題がどれだけ大きな問題なのかを多角的に指摘する章と、諸学会の声明から構成されています。同じ任命拒否問題を扱ったのが、佐藤学、上野千鶴子、内田樹編「学問の自由が危ない　日本学術会議問題の深層」（晶文社）です。

「――一国の学術を蔑ろにして恥じない人たちには国を治める資格はない。ただちにその座を去って欲しいと切に願っています」と言った内田樹の願いが叶ったのか、菅は総理の座を去りました。代わって登場したのが、岸田文雄です。まず、首相に就任してしたことは、安倍元首相の国葬です。そして、第二一〇回国会での所信表明演説では、「安倍元総理の国葬儀は、厳粛かつ心のこもったものになりました」と自画自賛しました。そもそも安倍晋三は長いこと首相をつとめましたが、やったことは「こんな人に負けるわけにはいかない」と、国民を二分したこと。そして、「モリカケサクラ」と称される「森友問題」「加計問題」「桜を見る会」などやりたい放題。政権を私物化した疑惑は拭えません。疑惑をことごとく不起訴にした国家警察の担い手のひとりが、黒川弘務・東京高検検事長（当時）です。安倍政権は、その黒川を検察トップの検事総長に就任させることをもくろんで、無理筋の定年延長と検察庁法の改正を企てましたが世論からの反発の声があがる一方、黒川の賭マージャンの露顕で頓挫しました。国葬を一番喜んだのは、旧統一協会の面々でしょう。統一協会とは二人三脚でやってきたのですから。自民党と旧統一協会との二人三脚は、安倍晋三の祖父・岸信介元総理の時代からで、統一協会の前身である国際勝共連合の結成には、祖父の岸信介元総理も発起人として名前を連ねています。有田芳生著「統一協会とは何か」（大月書店）には

——

74年5月7日に帝国ホテルで行われた「希望の日晩餐会」（約1700人）には、福田赳夫大蔵大臣（当時）たち、衆参国会議員40人が参加。そこには安倍晋太郎議員（元農林政務次官）の姿もあった。演壇に立った福田は「アジアに偉大なる指導者現る。その名は文鮮明」と絶賛した。

同書には『統一協会』が発行している『統一世界』90年4月号に掲載されたもので、日本では翻訳されていません。と断って——

「日本の今度の選挙だけでも、私たちが推してあげたのが108議席当選しました。今回、私たちが援助しなければ、無所属で出てきた中曾根なんか吹けば飛んだよ。また派閥で見れば、中曾根派は62議席にもなって、安倍派は83議席です。私が全部そういうふうに作ってあげたんですよ。この2派閥を合わせるといくつになりますか？　それで安倍とか中曾根は、原理の御言を聞け！　と言ったら聞きはじめました」

文鮮明は中曾根康弘元首相であろうと、故・安倍晋太郎であろうと、日本の政治家は自分の掌中にあると思っているようだ。

自民党と旧統一協会との関係を、〈8割自民　政界に広く浸透〉（二〇二二年八月一四日）とアンケートの結果を一面に掲載したのが、東京新聞です。

――岸田首相は回答を寄せなかった。関係があるとした議員の党派別は自民党八十二人、日本維新の会十一人、立憲民主党七人、公明党一人、国民民主党一人、参政党一人、無所属三人。

政治資金を受けたと回答したのは、自民党の下村博文元政調会長と国民民主党の玉木雄一郎代表の二人で、いずれも二〇一六年に世界日報側から受けたという。

注目すべきは、〈岸田首相は回答を寄せなかった〉と、書かれていることです。所信表明では「信頼回復のために、各般の取り組みを進めてまいります」と演説しているのですが、己のことになるとダンマリ戦術です。統一協会と自民党の関係を、中野昌宏は3点指摘しています。①一九八四年、文鮮明が脱税で収監されているとき、岸信介がレーガン大統領に宛てて文鮮明を釈放するよう嘆願書を出したこと。②一九九二年、入国できない文鮮明が入国できるように金丸信らが介入したこと。③二〇一五年、一九九七年以来長らく認められなかった教団の名称変更を下村博文大臣（当時）が一転承認したこと等。これらの介入は、政治的権力を背景にしなければできない教団への「庇護」と言えよう、と。憲法第二〇条では、〔信教の自由〕と、〔国の宗教活動〕を禁じています。いかなる宗教団体も、国から特権を受け、又は政治上の権力を行使してはならないのです。

第二一一回（２０２３年1月24日）国会での施政方針演説で岸田首相が強調したのは、防衛力の抜本的強化です。「5年間で43兆円の防衛予算を確保し、相手に攻撃を思いとどまらせるための反撃能力（敵基地攻撃能力）の保有――、（中略）こうした取り組みは、将来にわたり維持・強化していかなければなりません。そのためには、２０２７年以降、裏付けとなる毎年度4兆円の新たな安定財源が追加的に必要になります」と。

武器は人を殺すためにあるのです。アメリカでは、4億丁もの様々な銃が市中に出回っています。国民一人ひとりが武装しているのです。夜のボウリング場とレストランが武装した男に襲われ、18人が死亡、13人が負傷した事件がありました。4人以上が撃たれる乱射事件は、4年連続で年間５００件を越えました。それも些細なことで殺されているのです。息子がフットボールの先発リストから外れたと怒った父親か監督を襲撃したとか、庭木の枝を切られたとして隣人の息子を射殺したとか、自宅と間違えて別の家に入った学生を射殺したとか……。日本では二〇二三年に長野県中野市で猟銃で四人が殺害された事件と自衛隊の射撃場で起こった発砲事件で二名が死亡した事件がありました。これらは、武器を持っているから起こった事件です。武器を持たなければ、武器で人を殺すことは出来ません。武器をもたなければ戦争はできません。

日本に攻めてきた国は、一二六四年の元寇以来ありません。かつての日本は、攻めるのが得意でした。太平洋戦争はハワイまで攻めていきました。

岸田首相は危機感をあおって防衛力強化の必要性を訴え、敵基地攻撃能力（反撃能力）の保有や防衛費の倍増を推し進めるなど防衛政策を大きく転換させました。しかも、日本が共同開発する次期戦闘機の第三国への輸出解禁に踏み切りました。かつて、三木武夫内閣で外相だった宮沢は、「我が国は兵器輸出で金を稼ぐほど落ちぶれていない」と国会で語ったのですが、岸田には、落ちぶれた認識などひとかけらもありません。そこで、「敵基地攻撃能力」という言葉が出てきたのでしょうか。敵基地攻撃能力は戦争に通じるのです。かつての戦争で殺された人たちの、遺骨の収集も終えてないのです。酒井聡平著「硫黄島上陸　友軍ハ地下ニ在リ」（講談社）には——

遺骨なき箱を遺族に渡すことによって戦没者処理は終了と見なす。そうした考え方は戦後の政府にも引き継がれた。太平洋戦争での戦没者は約３１０万人。そのうち海外戦没者は約２４０万人。戦後、空っぽの箱が遺族の元に次々と届けられた。その結果、実際には膨大な数が現地で放置され続けることになった。

同書を、稲泉連は＜戦争を伝えるということの意味、「記者」という仕事の役割、終わらない「戦後」を生きる人々の思い……。遠い戦争が「いま」と響き合う。いくつもの光景が胸に迫る素晴らしいノンフクションだ＞と評しています。さらに、同書には——

鈴木さんが初めて参加した1977年の遺骨収集団には、硫黄島戦の生還者が大勢いた。終戦から32年。生還者は50代以上になっていた。上陸後、遺骨収拾の作業が始まると、生還者たちは驚きの姿を見せたという。

「みんな20代に戻ったように動き回っていた。戦争当時の年齢に若返っていた。20歳ぐらいの精神力だった。戦友を帰そうという魂が入っていた。自分より若いと思った。戦友だ、戦友を捜さなくては、という、そういう思い。地下壕の探索では自衛官による有毒ガスの探知が終わる前に、バガバガと入っていった。壕を見つけると、すぐに入っていった。

生還者たちが遺骨を発見したときの様子はどうでしたか、と僕は尋ねた。

「『いや――、待たせたね！』っていう感じで大事そうに拾い上げていました……」

大事そうに抱きかかえるような手振りをして、鈴木さんは言葉少なに話した。目に涙がにじみ、言葉を詰まらせているように僕には見えた。

硫黄島では、まだ一万人が見つかっていません。見つからない理由の一つに挙げられるのが「風化」だそうです。岸田首相は、その「風化」を待っているのでしょうか。否、待つどころか「敵基地攻撃能力」で前に進もうというのですから、この猪突猛進は国民の力で食い止めなければなりません。

第四章　「戦争」と死刑制度

「戦争」は、人を殺して勲章を貰うことがあります。小平義雄は一九二八年、中国山東省の済南に派兵されたとき、婦女暴行や妊婦殺害を犯しています。国はそれらの蛮行を知ってか知らずか、勲八等旭日章を与えました。ところが戦後、人々が食料を買い求めていた時代、買い出しに来た女性を農家に案内するといって山林に誘い込み、強姦して殺しました。七人目と思われる被害者が遺体となって発見されて小平は逮捕され、起訴されて一九四六年に死刑判決。翌年、死刑が執行されました。国が勲章を与えた男を、国が殺したのです。

その逆もあります。太平洋戦争の末期、東京大空襲があり三時間で死者・行方不明は十万人、被災者は百万人と言われています。その大空襲の戦略爆撃作戦責任者は、カーチス・ルメー将軍です。アーサー・ビナードは、ルメーについて「いまだに許す気持ちにならないな。日本側はもはや反撃する能力がない、アイツは誰よりよくわかっていて、それなのにドシドシ焼夷弾を落としまくって、日本中を火の海にして、無差別殺戮を繰り返したんだ。とんでもない馬鹿野郎だと俺は思っているよ」と言いました。その馬鹿野郎に佐藤内閣は、勲一等旭日大綬賞を奉呈したのですから「大馬鹿野郎」と呼ぶべきでしょうか。その「大馬鹿野郎」に「ノーベル平和賞」が送られたのですから、何と呼んだらいいのか。「ノーベル平和賞」ではなく「ノーベル戦争賞」とでも呼ぶべきでしょうか。いずれにしろ、殺しまくることを指導した男に国は勲章を授与したのです。

「死刑」は、人を殺したことによって受ける刑罰です。戦争では幾人殺しても勲章を授かることがありますが、罰は受けません。ところが、人を殺さなくても「死刑」になることがあります。つまり「冤罪」です。「戦争」と共通していることは、国家の名において命を奪うことです。その奪い方は、かつては「飢餓刑」、「火刑」、「絞首刑」、「銃殺刑」、「斬首刑」など、いろいろありましたが、命を奪うことは同じです。日本には、犯人を市中を引き回したうえ「鋸引き」という残酷な刑罰もありました。

「鋸引き」とは、本人を箱詰めにして首だけ出し、半ば地中に埋めて竹鋸で首を引かせる。見物人の中から、誰でも希望者に引かせるというむごいもの。実際、竹鋸で少しずつ首を傷付けるので苦痛は大きい。

――と、稲垣史生編「武家編年事典」（青蛙房）に書かれています。織田信長を火縄銃で狙撃したものの、狙いが外れて捕らえられた杉谷善住坊は、「鋸引き」の刑に処せられ、通行人が少しずつ切っていくので、死ぬまで七日間かかったそうです。「鋸引き」にもいろいろあるようで、マルタン・モネスティエ著「死刑全書」吉田晴美・大塚宏子訳（原書房）にはこの処刑方法にはふたつのやり方があった。ひとつ目は上から鋸で引くというもので、これはつまり頭から切り始めて股で切り終えるということである。ふたつ目のやり方は、執行人は股の腿のつけねから始める。両足は広げて固定され、頭まで切断される。このふたつ目のやり方は、ひとつ目のやり方よりもさらに恐ろしかった。

鋸を用いた最後の刑罰は、ドイツの占領中に、ゲシュタポの何人かの変質者が行ったものである。パリのローリストン通りにあったフランスのゲシュタポは、鋸のほかにも小型のギロチンを持っていて、手足を切断するのに用いていた。

リチャード・G・ウィルキンソン著「格差社会の衝撃」池本幸生・片岡洋子・末原陸美訳（書籍工房早山）には――

数世代前までは、拷問が犯罪者に対する当然の扱いであり、道徳的嫌悪感を抱くことなく行われていた。群衆は、「魔女」が生きたまま火あぶりの刑に処せられ、犯罪者が首を撥ねられるのを見るために集まった。今では、動物に対してさえ残酷な扱いから守るための法律があるのに対し、過去は野蛮な時代であった。

と書かれています。ローマ時代にローマ軍の脱走兵や奴隷などに対して、飢えた肉食獣を放って食い殺させる「動物刑」や「猛獣刑」があり、襲わせて食い殺す猛獣は狼や虎、ライオン、ハイエナなどの肉食獣であったと。また、象や雄牛が囚人の体を踏みつぶしたり投げつけるなどして殺すことを、見せ物にしていたようです。人間と牛を戦わせることが古代ギリシャやローマで武芸として行われはじめ、一七世紀末まで宮廷の王侯貴族間での楽しみになっていたといいます。

一八世紀になって一般観客を集めプロの闘牛士が登場するようになりました。国技となっている闘牛はスペインが有名ですが、スペインの闘牛は、きらびやかな服装を身にまとった闘牛士の場内行進からはじまります。牛は、おとなしくては見世物になりません。獰猛な牛を選び、闘牛場に出すまえ二四時間、暗黒の部屋に閉じ込めておきます。というのは、急に明るい光を当てることによって荒れ狂わすためです。そのうえ赤い布をちらつかせて牛を興奮させ、最後は正面から突進してくる牛の首から心臓にかけて剣を突き刺して殺します。ポルトガル、メキシコ、南アメリカなどでも古くから行われていますが、やり方は国によって多少違いがあるようです。

古代中国では、烹煮（ほうしゃ）と呼ばれる苦痛を与えながら死に至らしめる「釜茹での刑」が盛んに行われていました。大釜に湯をたぎらせ、罪人を放り込んで茹でて死にいたらしめる刑です。一三世紀から一六世紀のフランスやドイツでは、贋金づくりにこの刑が適用され、深さ五七センチの鍋ないし大釜で沸騰させて処刑していたとか。日本では一五九四年、京都の三条河原で執行された、盗賊石川五右衛門の釜煎（かまいり）が有名です。五右衛門はなかなか絶命しなかったので、油を注ぎ込んでやっと絶命したと言われています。

日本では江戸時代、刎ねた首を獄門台に載せて三日間、見せしめとして晒しものにしていました。江藤新平は「佐賀の乱」で捕らえられ、斬首刑となり首は晒されました。斬首刑の執行方法に、二本の柱の間に吊るした刃物を落として首を切るギロチンがあります。フランスでは、一七九二年から一九八〇年代まで使用されました。一見残酷なイメージですが、絞首刑と比較して欧州ではむしろ人道的な死刑装置と位置づけられたのです。使用されなくなったのは、近年のことで死刑制度が廃止される一九八一年までギロチンは稼働していました。

武器を受刑者の内蔵まで突き刺して腹を切り裂く「腹裂きの刑」は、日本でいう「切腹」で、「腹切（はらきり）」とも「割腹（かっぷく）」ともいいます。日本では、主に武士などが行った独特のもので「自決」とも言われますが、本来、切腹は真心を人に見せるという観念から、人の面前で自殺して勇気を示すのを目的にしたといわれています。江戸時代には、武士に科せられた刑罰としては最も重いものでしたが、切腹させることとは「切腹を許す」と表現され、名誉を保証する処置がとられました。切腹は刃物を腹部に刺したときのショックが大きく、痛くて手が動かなくなるので、腹に刃物を当てた形をとれば首を落としてくれる介錯人がつきました。時代を経るごとに「切腹」は形式的なものとなり、実質的には斬首刑といえるものになりました。

現在の日本での死刑は「絞首刑」のみです。「絞首刑」は古代から広く用いられ、庶民のための見世物になっていました。一九四五年四月二八日、イタリアのムッソリーニと愛人のクララ・ペタッチは、ロレート広場で逆さ吊りにされています。

いずれにしろ、「死刑」は残酷なものです。

井田良は、ドイツ留学の際、現地の法律家たちから、「日本ほど高い文化と科学の水準を持つ国が、なぜ未だに死刑を存置しているのか」と、しばしば聞かれたそうです。当時の日本は死刑の言い渡しも施行もごくわずかでしたので、「日本は事実上の死刑廃止国と言ってよい」と答えていたそうです。「死刑は使われない刑罰になっていくと思っていたのだが、見通しは、はずれました」と語っています。

ナチス・ドイツは第二次大戦中、かつてない規模で強制収容所に飢えと渇きによる刑法を刑罰に導入したことによって、数十万の人々を栄養失調で死に導いています。

罪人を生きたまま地中に埋める「生き埋め」は、スウェーデンとデンマークでは一六世紀末まで、生き埋めが法律で認められ、さらにインドネシア、ソロモン半島で一九世紀まで、インドでは二〇世紀初頭まで行われていたといいます。この「生き埋め」は戦争でもあります。

ナチのいくつかの部隊はレジスタンスやパルチザンに対して、恐ろしい見せしめとなるように生き埋めを行うことがあった。ポーランドとロシアにおいても同様なことが行われたという記録がある。

との記述は、「死刑全書」です。日本の軍隊も例外ではありません。太平洋戦争では、フィリピン侵攻作戦でバターン半島で日本軍に投降したアメリカ兵、フィリピン兵の捕虜を捕虜収容所まで移動させる際、炎天下を行進させて多数の死亡者を出したことによって、「死の行軍」と呼ばれました。鷹沢のり子著「バターン『死の行進』を歩く」（筑摩書房）には、〈バランガイに生き埋めにされたのは、二人だけではなかった〉と――

別な場所では七名が埋められている。マリベレスから行進してきた捕虜たちだ。彼らは衰弱しきっていた。回復の見込みのない状態だった。四月一四日、日本軍軍曹たちは衰弱した七人の捕虜たちを防空壕に埋めた。バレダサレさんが証言しているのは次のとおりである。

「バランガイには市民たちが使っていた防空壕があった。日本兵は弱った捕虜たちをそこまで行進させた。日本兵は私たちにフィリピン人兵士を防空壕に押し込めるように命令した。それから私たちは彼らを生きたまま埋めた。捕虜の顔あたりまで土がかぶったとき、一人がいきなり立ち上がって言った。『私は生きている。ただ衰弱しているだけだ。私に必要なのは水だ』。しかし私たちは助け出すことはできず、日本軍兵士に命令されて彼に土をかぶせた」

「火刑」は文字通り、火炙りの刑で焼き殺しますが、ジャック・キヴォーキアン著「死を処方する」松田和也訳（青土社）には――

キリスト教侵入以前のヨーロッパに於いては、神々への生き贄として、小枝で作った籠の中に生きた人間を入れて、そのまま焼き殺していた。同じ頃、ブリテン島でも火刑柱の上に罪人を生きたまま焼き殺すことはよく行われており、同じ方法は中世に何千人という異教者を大量虐殺する方法としても用いられていた。

「火刑」では、火傷で死ぬことより煙で窒息死したり、ショック死したりする方が多いといいます。生きている人間を焼き殺すというのはあまりにも残酷なので、刑史が火をつける前に絞殺したり、胸に杭を打ち込んだりして殺害することもあったようです。

この「火刑」に処せられた一人に、ジャンヌ・ダルクがいます。国境を巡ってフランスとイギリスが戦った百年戦争に参加したジャンヌ・ダルクは、イギリス軍に包囲されていたオルレアンを解放します。フランスの危機を救ったとして、ジャンヌは国民的英雄になります。しかし、後に捕らえられ、宗教裁判にかけられます。裁判では異端の罪を突きつけられ一四三一年、火刑に処せられました。

日本では江戸時代、放火した者に適用され市中引回しを終え、刑場に引きたてられ竹矢来が組んである刑場の柱に縛りつけられ、足元に薪を積み、風上から火をつけられました。鈴が森で行われた火刑は、海からの風が強烈に吹くため火が強く燃えあがったり、消えたりを繰り返すため、罪人は苦痛で獣のような叫び声を上げたといいます。また、同じ火刑でも京阪は江戸と異なり、罪人は首輪をはめ、鎖で柱に繋ぎ、柱から一間離して周囲に柴や薪を積み上げ、風上から火をつけると、罪人は火の熱さに狂ったように柱の回りを駆け回り、最後に焼かれて死亡するのですが、火傷より先に酸欠で死亡するといわれています。火刑は一八一三年になっても行われていたといいますが、戦争で火刑に似ているのが人を焼き殺す「火焔放射器」です。洞窟などに隠れた者に効果があるとされ、第一次大戦、第二次大戦でも使われました。とくに硫黄島や沖縄の戦いではアメリカ軍が使用しました。

「火刑」とともに古代から行われてきた刑に「絞首刑」があります。

「絞首刑」は「銃殺刑」と同様、大量処刑が可能です。

さらに大量の処刑をするのが「ガス室」です。ドイツは第二次世界大戦中にガス室を備えた収容所を造りました。それが、アウシュヴィッツ収容所です。

アウシュヴィッツの第一夜、わたしは三段「ベッド」で寝た。一段（縦が二メートル、幅が二・五メートルほど）の、むき出しの板敷きに九人が横になった。毛布は一段、つまり九人につき二枚だった。言うまでもなく、わたしは横向きにびっしりと体を押しつけあって寝なければならなかった。もっとも、外は冷え込み、居住棟には暖房などなかったのだから、これは都合がよかった。この「仕切り」に靴は持ちこみ禁止だったが、禁を犯してでも枕にする者たちもいた。糞にまみれていることなどおかまいなしだ。そうでもしないと、脱臼しそうなほど腕をのばして頭を乗せるしかなかった。こんなありさまでも、眠りは意識を奪い、状況の苦しさを忘れさせてくれた。

最後のころは一日の食事は、日に一回あたえられる水としか言えないようなスープと、人をばかにしたようなちっぽけなパンで、それに「おまけ」がついた。それは二十グラムのマーガリンだったり、粗悪なソーセージひと切れだったり、チーズのかけら、代用蜂蜜、水っぽいジャムがスプーンに一杯などなどで、これは日替わりだった。重労働ではカロリーがまったく不足していた。「静養」中の病人、つまり寝ていることを許され、労働のために収容所を出なくてもいい人びとの食事はさらにひどかった。


と書いているのは、ヴィクトール・E・フランクル著「夜と霧」池田香代子訳（みすず書房）です。このアウシュヴィッツ収容所での死亡者数は、一五〇万人と言われています。戦後、このことが明らかになると、アメリカのかなりの州がこの形の処刑をやめ、他の方法を選んだといいます。しかし、いずれにしても残酷であることには、変わりありません。宮下洋一著「死刑のある国で生きる」（新潮社）には――

昨今、世界の多くの国々では、死刑はもはや時代遅れの産物のように語られる。凶悪殺人犯であろうと、大規模テロの実行犯であろうと、国家は、そのような人間を処刑しないことを常識にしつつある。

　国際人権団体「アムネスティ・インターナショナル」が毎年発行する『死刑判決と死刑執行』（二〇二一年版）によると、死刑を「すべての犯罪に対して廃止」している国は一〇八カ国。「通常犯罪のみ廃止」している国は八カ国。「事実上の廃止」は二八カ国だという。

　これら、死刑を実質的に廃止している国は合計一四四カ国に及ぶ一方、死刑制度を維持する「死刑存置国」は、発展途上国や独裁主義国を中心とする五六カ国になる。これら存置国の中に、先進的な民主主義国家が二つある。

その二つの国が、日本とアメリカですが、アメリカのおよそ半数の州は廃止しています。韓国は一九九七年以来執行を停止しているので、事実上の廃止国といっていいでしょう。アメリカの半数の州と、カナダ、メキシコ、イギリス、ドイツ、フランスなど、ＯＥＣＤ（経済協力開発機構）に加盟している三八カ国は廃止されました。

死刑廃止を訴える亀井静香は、著書「死刑廃止論」（花伝社）のなかで——

　死刑制度について、「凶悪犯罪であるからしかたないではないか」と言う人もおられます。

　しかし、生まれながらにして社会的に危険な人もいるかもしれませんが、それはどちらかといえば病理学の世界に属するごく一部です。本人の心得違いもありますが、ほとんどは、生まれ育った環境とか、社会の状況のなかで凶悪犯罪に走って行く場合が多いのです。

その人の生まれた環境、生い立ち、あるいは社会の政治・経済・文化のように、そういうものが複合的にからみ、そうした犯罪を生んでいるということを私たちは忘れてはならないと、このように思います。


一方、死刑制度の存続を訴える藤井誠二は、著書「殺される側の論理　犯罪被害者遺族が望む『罰』と『権利』」(講談社)に次のように書いています。


加害者は、いかなる理由があろうとも、自らの意思で罪を犯したのです。

被害者は、自らの意思に反して、被害を受けたのです。

この差は、歴然としています。

死刑になりたくなければ、人を殺さなければよいだけのことです。これ以上でも、これ以下でもない。この極めて簡単で明確なルールが守れず、人の命を粗末にする人間は、ルールに従ってもらうだけのことだと思います。

誰も喜んで死刑を実行しろとは言わないと思います。

誰もが、死刑を必要としない社会、つまり残酷な犯罪のない社会を望んでいると思います。私もそうです。犯罪で悲しむ人を一人でも減らしたい。
しかしながら、残酷な犯罪が社会で発生する以上、私はそれに見合った死刑という刑罰が必要であると考えます。

死刑制度は、殺人事件の抑止力になっているという人がいますが、なっていれば殺人事件は減少するはずです。しかし、減少していません。

まず九八年一月に十九歳の少年が「誰でもいいから殺してやろう」と考えて、幼稚園の送迎バスを待っていた幼女など三人を刃物で刺し、同じ一月の末十三歳の少年が「腹が立ったので脅してやろう」と、女性教師を刺殺した。翌二月、十四歳と十五歳の少女が「年金を目当てに」六十九歳の老人を刺し、三月に中学一年の男子生徒が同級生を刺し殺す。同月、中学二年の男の子が金属バットで寝ている父親を殴り殺した。父親が女友達との交際に干渉したり友達を殴ったのを根にもっていたというのが理由である。そして、その年の締めくくりとして、八十歳の老女が中学三年生の男子生徒に包丁で刺し殺された。「ゲームセンターで遊ぶ金が欲しかったから」だという。
年を越して一九九九年。この年の主だった殺人は二件だが、二〇〇〇年に入ってからは十件を越える殺傷事件が起きている。五月一日に十七歳の少年が「人を殺す経験をしよう」と思って主婦を殺した。その二日後の五月三日、西鉄バスジャック事件が起きた。

この犯人も十七歳である。

と書いているのは、佐藤愛子著「私の遺言」（新潮文庫）です。人を殺し、「どうせ死刑なんだから、何人殺しても同じだし、人を殺せば死刑が早まって、苦しみがすくないと思った」とか。「死刑になりたいから、殺した」という者もいるのです。一九六八年、男性四人を4都道府県で射殺する連続殺人事件を起こし、その翌年に逮捕された永山則夫は、著書「無知の涙」（河出書房）のなかで――

あの時期、後の二件は回避せるものであった。しかし、どうせ死刑になるという観念があれ等の事件を犯してしまった。「死刑になるという観念」それ故に惰走した。「死刑になるという観念」は凶悪犯を尚更、高段な凶悪犯行に走らせてしまう。自暴自棄というのであろう。

凶悪殺人犯には死刑は必然だ。だが、死刑は無い方がよい。その犯行の衝動を自制しにくいから、と私は思う。少なくとも私の場合、死刑というものがなかったら、後の二件は阻止出来たのではなかったろうか？　否、出来た筈である。

永山は横須賀の基地に盗みに入って、思いがけずピストルを入手します。そのピストルで巡回中の警備員を撃ち殺し、三日後に第二の殺人。やはり警備員を射殺しました。〈後の二件は回避せるものがあった〉というのは、永山は網走で自殺しようと北海道に行きます。網走は生まれ故郷だったからです。ところが、札幌市内で所持金がわずかになり、盗んだ自転車で函館に辿りつきます。そして、乗り込んだタクシーの運転手を射殺。運転手の所持金数千円を盗んで逃走します。網走にはたどりつけず、死ねなかった永山は、十日後に第四の殺人。名古屋市内でタクシー運転手を射殺しました。そして東京・渋谷区代々木の路上で職務質問され、拳銃の不法所持で逮捕されました。

最初の事件発生から半年がたっていた。永山にとってはこの時やっと、もう逃げなくてよい時が訪れたのかもしれない。連行された代々木警察署で一言「苦しかった」とポツリともらしたという。あとは、自分が予定したとおり、二〇歳になる前に自殺することだけだった。

との記述は、堀川恵子著「死刑の基準　『永山裁判』が遺したもの」(日本評論社)です。

二〇〇四年二月に大阪の枚方で母親と祖母と妹の三人が殺害された事件で、犯人の清水英和は、最初から「死刑にして貰いたい」と言い、自分の意に反した弁護活動をしたと弁護人を解任しました。

また、奈良で起きた女児殺害事件の小林薫や土浦で二人を殺害した金川真大は死刑になりたいから事件を起こしたと、自ら言明しています。小林が一審判決で死刑を言い渡されたとき、小林は被告席でガッツポーズをとり、金川は面会した記者に「完全勝利です」と述べています。そして、二人とも弁護団の控訴を取り下げて死刑を確定させました。自殺できない男に、死刑制度が利用されたといっていいでしょう。日陰隆著「そして殺人者は野になたれる」（新潮文庫）には――

ピアノの練習音が我慢ならず、大浜松三（事件当時四三歳）は階下の母子三人を殺し、死刑判決を受けた。のち大浜は公判で、被害者に対して申し訳ないという気持ちは「ないです」と答え、「死刑になりたくてやった」と主張した。

他方、テレビと子どもの声がうるさいと、村田等（事件当時二二歳）は二所帯五人を殺し、何の罪にも問われなかった。

村田等は一精神医により破瓜型精神分裂症との〝診断〟が起訴前になされて刑事上の無罪放免（行政処遇として措置入院）となり、ピアノの練習音がうるさいと三人を殺した大浜松三は起訴され、公判のなか破瓜型精神分裂症ゆえ責任無能力との精神鑑定がなされたにもかかわらず、死刑が確定した。

また、被害者の立場に立って考えろという方もいます。或る弁護士は「妻や娘が強姦されて殺されたら、私は弁護士バッチを捨ててそのまま刺しに行こうと思う。実際に刺すかどうかは別として、犯人は死刑にしてもらうしかないと思う。それは日本人の感覚なのではないですか、死刑はよくないとおっしゃるお坊さんには、私は『もしあなたのご家族が殺害されたとしても、死刑はよくないと言い切れますか』と意地悪な質問をします。すると、大抵のお坊さんは黙ってしまうのです」と。この方は、もともと死刑反対派だったそうです。それが、多くの被害者やその遺族から相談を受ける中、遺族感情という点から、死刑を廃止することは難しいという考えを深めていったそうです。

一方、オウム真理教の一連の事件で捜査をしていた検察から、「極刑でよろしいですか」と処罰感情を尋ねられ、岡田尚弁護士は答えに詰まったといいます。心境が変わったのは二〇一八年七月。六日に松本元死刑囚ら七人、二六日に残る六人の死刑が一斉に執行された大量執行にショックを受けたのです。「命を奪った人の命を、国が被害者の代わりに奪っていいものか。踏み切れない」と、そして「被害者の気持ちも、加害者の状況も時の流れとともに変わる。死刑は全てを断ち切ってしまう」と。また、弟を撲殺された原田正治は、著書「弟を殺した彼と、僕」(ポプラ社)のなかで——

死刑廃止の運動をしている人たちは、いつも「あなたたちはそのような運動をしていますが、被害者の家族のことを考えているのですか」

と、反発されるそうです。死刑を考え、公に死刑に疑問を投げかけたことのある人は誰でも、「被害者のことはどうなのだ」と言われ、口をつぐんでしまうのです。しかし、僕から見れば、「被害者のことを考えているのか」と抗議する人もまた、僕のことなど一度も考えてくれたことなどない。と言いたい気持ちなのです。僕を集会に呼んでくれている主催者の人たちに対しても本当の僕の気持ちを理解しようとしているのか、疑念が拭えませんでした。

それでも僕は、迷いながらも、自分の話を聞いてくれるのなら話したい、と思いました。

一度、新聞記者から、家族四人を惨殺してその家に火をつけた事件について言われたことがあります。

「原田さん、これほど残虐な殺され方をしても、死刑でなく赦せますか」

僕は、憤りを感じました。被害者は斧で頭を殴られたそうです。確かに残虐です。しかし、うちの弟だって鉄棒で殴られているのです。この記者は、昭男の殺され方は楽な死に方だというのでしょうか。とんでもないことです。どちらが残虐か、比較などできません。僕にとっては、弟が殺されたことで世界で一番残虐なことに感じられるということをこの記者はわからないのです。

原田正治の弟を撲殺した犯人、長谷川敏彦死刑囚の刑が執行されたのは、二〇〇一年一二月二七日です。読売新聞社会部「死刑」（中央公論新社）には――

二日後、名古屋市内の教会で葬儀が営まれた。七〇人以上の参列者の中に、弟の命を長谷川死刑囚に奪われた原田正治さん（六一）の姿があった。「面会したことは無駄ではなかった」。死刑囚の顔を覗きながら、心から冥福を祈った。

トラック運転手だった弟の明男さん（当時三〇歳）は一九八三年一月、雇い主の長谷川死刑囚らに保険金をかけられたうえ、頭部を鉄棒で殴られ、殺された。犯人グループは明男さんの遺体をトラックに乗せて路外に転落させ、交通事故死を装い、保険金二〇〇〇万円をだまし取った。長谷川死刑囚たちはほかにも二人殺害していた。「極刑以外考えられません」。原田さんは一審の証言台でそう求めた。

長谷川死刑囚は、原田さんに宛てて次のような遺書を残している。

＜生きて罪を償う事を、切にお望み下さった正治様には、そのご期待に応えることができなくて、本当に残念で申し訳なくてなりません。（中略）日々、想像以上の温情をもって、被害者と加害者との枠を越えて、心温かく対応と交流が計って頂け、また、明男さんのお墓参りまでも（代理人に）心良くさせて頂けました事、重ね重ねお礼申し上げます＞

「彼にはもっと生きて、償いの気持ちを伝え続けてもらいたかった。死刑からは何も生まれないと思うようになった」と原田さんは言う。原田さんの手元には、一〇〇通の手紙と、ボールペンで描いた絵が残る。

さらに同書には、二〇〇八年一〇月一五日、スイス・ジュネーブにある国連欧州本部の大会議場での記述があります。その会場には人権委と各国の法曹関係者や学者らで構成されている日本政府代表二二人が、国連の規約人権委員会の委員一八人と向き合っていました。

会場では、日本弁護士連合会や人権問題に取り組む日本国内の民間活動団体（NGO）のメンバーら約一〇〇人が、代表団と人権委とのやりとりを見守っていた。

「我が国の世論の多数は『極めて悪質、凶悪な犯罪については死刑もやむを得ない』と考えています」

外務省の上田秀明・人権人道担当大使が説明すると、フランスで裁判官を務めるクリスティーン・シャネ委員はこう発言した。

「死刑廃止国でさえ、世論は死刑賛成でした。つまり、世論を根拠に、死刑の問題に対処すべきではないのです」

イギリスの大学教授で、国際人権法が専門のナイジェル・ロドリー委員も後に続いた。

「世論の変化を待つとすれば、死刑が廃止されることは決してないでしょう」

二週間後、人権委は日本に対して、「世論調査の結果いかんにかかわらず、死刑廃止を前向きに考慮し、国民に対して廃止が望ましいことを伝えるべきだ」と勧告した。

「死刑は『残虐』とまで言えなくとも、少なくとも『残酷』な刑罰です」と言ったのは、団藤重光です。さらに、著書「死刑廃止論」（有斐閣）には、「それは違憲とまで言えないとしても、憲法の前文や一三条その他の規定の趣旨ないしは精神から考えて、憲法上望ましい刑罰だなどとは絶対に言えないことは明らかではないでしょうか。反対に、それは憲法上、決して望ましくない制度だというべきだと私は信じます。人間の尊厳ということと死刑とは、いかなる意味においても両立しないと思うのです」と。さらに——

日本は、さいわいに、世界でももっとも治安状態のよい国なのです。死刑廃止の条件はすでに揃っている。今や、日本でも死刑廃止の方向に進むことこそが、世界の潮流に合致し、憲法前文に示されているとおり、国際社会において「名誉ある地位を占める」ゆえんではないだろうか。

犯人が死刑になっても、殺された人が生き返るわけではないし、遺族には空しい虚ろな気持ちが残るに違いありません。だから、殺された人の遺族の中にも、非常に悩んだ末に、最後には、犯人を死刑にしないでほしいと言って、むしろ、それを機会に死刑廃止論者になった人さえあります。

一般的にいえば、肉親が理由もなしに惨殺された場合に、犯人が死刑にもならないでいるとしたら、何とも釈然としないのが普通でありましょう。正義という点から言って、そのような人間的な感情は満足させなければいけないはずです。ですから、世の中に、殺人罪について死刑廃止に対する反対論が根強いのも、無理からぬところがあるわけです。

団藤重光を死刑廃止論に踏み切らせたのは、誤判の可能性が死刑制度に必然的に内存しているからです。つまり、冤罪事件です。日本では戦後、死刑判決が確定したものの再審で無罪になった事件が4件あります。その4件とは、免田事件、財田川事件、松山事件、島田事件で日本での四大冤罪事件と言っています。

そのうちの一件、免田事件は、熊本県人吉市で起きた強盗殺人事件です。この事件は一九四八年一二月三〇日未明、熊本県人吉市で祈祷師一家が襲われ、祈祷師と妻の二名が殺され、さらに幼い二人の姉妹に重傷を負わせました。警察は免田市に住む免田栄を別件逮捕し、拷問と脅迫によって自白を強要し起訴します。「免田栄獄中ノート　私の見送った死刑囚たち」（インパクト出版会）には――

疲労と病の熱にうなされるなかで、警察の調べは終わった。真実はつぶされた。偽造の自白調書を所持した松本署長外三名の刑事に連行されて、一月一九日朝六時の汽車で八代地検に送られた。私の犯人説を否定した国警の連中はどう思ったのか、これは神のみぞ知るである。

後日、看守から聞いたことであるが、野田検事は人吉に出張している夜中に白福事件が起きた。現場に行き、被害者の悲惨な様子を見て「死刑にしてもたりん」と激怒していたとのことだ。私も刑事に疲れた身体を引きずられ、現場に行って、部屋一面が血の海と化している様子を見ているから、検事の気持も分からんではない。だが、どんな感情があろうと、容疑者の言い分は十分に聞き、もし否認しているなら、検事という立場にいるのであるから、その事実を調査するくらいの自覚を持つべきなのだ。野田検事は公務に怠慢どころか、刑事たちの証人隠しを手伝うのだから、悪党としか言えない。真に司法犯罪者と言っても過言ではない。

免田栄は、最大で十六時間二十分取り調べを受け「殺しても病気で死んだと報告すればそれまでだ」と言っておどされ、罵声をあびせられ棍棒でなぐられたと。さらに検事からは、体調もかまわずに「お前がこの事件をやったことは間違いないね」と言われ、免田が「そのようなことは知りません。当夜は市内の丸駒に泊まっているのです。もう一度調べてください」と言うと「嘘を言うな。嘘を言えば罪は重くなるばかりだ。ありのまま言って罪の償いをしろ。お前がどうしても嘘をつけば、地獄へ墜ちるばかりだ」と睨みつけられたと。熊本地方裁判所八代支部に起訴された免田は、自白は拷問で強要されたものであり、アリバイがあるとして無罪を主張します。しかし、一九五〇年三月二三日、熊本地裁は免田に死刑を言い渡しました。

「免田さんはなんて凄い人なのだろう。冤罪であれだけ長く獄中に入れられ、毎日死刑の恐怖にさらされていたのに、それに耐え、希望を持ち続けた精神力はどこから湧いてきたのか――」と書いているのは、安田好弘著『「生きる」という権利　麻原彰晃主任弁護士の手記』（講談社）です。

免田は宣教師から再審請求のあることを聞き、「暗い独房住まいに一線の光を見て勇気がわく」と、再審請求。再審請求の棄却通知が来ると、その日か翌日に、次の再審請求を提出する準備を怠りませんでした。しかし、免田の再審請求はすべて却下されます。免田の再審請求の記録は公式には六回とされています。その六度目の再審に、アリバイを証明する明確な証拠が提出され、検事の主張する逃走経路に不自然な点などを指摘され、一九八三年に熊本地裁八代支部は、免田に無罪判決を言い渡します。この再審の過程で、逮捕時の取り調べで免田が警察から苛烈な拷問を受けていたことや免田が返り血を浴びたズボンやマフラーなど重要な証拠が、公判中に検察によって破棄されていたことも判明し、事件発生から三四年六カ月、免田は即日釈放されました。そして裁判をやり直す再審公判が二〇二四年五月二二日、静岡地裁でありました。検察側は改めて免田が犯人だと主張して、死刑を求刑しています。

二つめの冤罪事件は財田川事件です。一九五〇年、香川県財田村で男性が全身三〇箇所を刃物で刺され、殺害されて現金一万三〇〇〇円が奪われました。四月、今度は隣村の神田村で二人組による窃盗事件が起き、その事件の容疑者として谷口繁義ともう一人が逮捕されます。二人は殺人の容疑で調べられますが、一人はアリバイが明らかになって釈放されます。谷口は起訴され、約二カ月にわたって厳しい拷問による取り調べが続き、自白によって起訴されます。裁判で谷口は冤罪であることを訴えますが、谷口が犯行時に着用していたというズボンに微量の被害者と同じO型の血痕が付着してるという物的証拠があるとして、高松地方裁判所丸亀支局は死刑の判決を下しました。ところが、死刑執行の起案書を作成するための書類ができなかったのは、高松地裁が記録を紛失していたからです。その為、谷口の処刑は無期限延期の状態になっていました。弁護人は新たに再審請求を一九七六年に行い、最高裁は谷口の自白に矛盾があるとして、高松地裁に差し戻しました。

一九八四年、再審の結果、高松高裁は被告人の自白は真実でないとの疑惑があるとした上、本件と被告人を結びつける証拠は存在しないと無罪を言い渡しました。獄中生活三四年目にして、放免されたのです。

島田事件は一九五四年、静岡県島田市にある幼稚園から、六歳の女児がいなくなり、その後、付近の山林内で死体で発見されました。当時、二五歳の赤堀正夫が逮捕され、自白を強要され起訴されます。日本の法廷では、ひとたび起訴されてしまうとその内容がいかに事実無根であったとしても、殆ど例外なく有罪が確定してしまいます。警察と検察は事実誤認を認めようとしないのです。静岡地裁は赤堀に死刑を宣告しました。一九六〇年、東京高裁も死刑判決を支持。最高裁で死刑が決定します。赤堀は再審請求を繰り返し、一九八九年に再審判決公判が開かれ、静岡地裁は逮捕後三五年近く経て無罪の判決を宣告しました。しかし、これまで費やした時間と精神的消耗は回復できません。

松山事件は一九五五年、宮城県にある松山町の農家が全焼し、焼け跡から一家四人の焼死体が発見されました。遺体解剖の結果、長男以外の頭部に刀傷らしきものが認められ、殺人及び放火事件として捜査本部が設置されました。

事件発生から二カ月、東京都の板橋区に勤務していた斉藤幸夫を強盗殺人・放火の疑いで逮捕起訴して死刑が確定します。ところが、裁判で自白は警察の策略で、また証拠とされた男性掛け布団の血痕は警察の捏造であることが判明して、一九八四年無罪判決がなされます。こうした冤罪を生む原点は、見込み捜査、自白を得るための厳しい追及、物証の軽視です。

獄中にいた免田が釈放されたとき、社会から送付された郵便の整理をして驚いたのは、拘置所にきていた葉書や手紙です。「人殺し、再審するな!」とか「男らしく死ね」「嘘をいって出てきても、俺が殺してやる」「被害者の苦しみを思うたことがあるのか?」など、免田は腹が立つというより、この国に住み、この国に育った人間のあまりにも愚かな、あまりにも空しい姿に愕然とさせられます。そして、「この国には、こんなにも愚かな人間が、こんなに沢山いたのか、という悲壮な思いであった」と述べています。また、「真実とは何なのか、潔白とは何なのか、自分の頭で考える能力を身につける習慣が、この国には育たなかったのである」と言っていますが、「この国に育たなかった」というより、「育てなかった」のです。逆な言い方をすれば、「男らしく死ね」とか「嘘を言って出てきても、俺が殺してやる」という人を育ててきたのです。このように言うと、「すべて政治の責任にする」という人もいますが、事実「政治の責任」なのです。自分の頭で考える能力を身につけると困るのです。罵声を浴びたのは彼らだけではありません。警察署の前で車から降りると「殺してしまえ！」「人でなし！」の声が飛び、石を投げられた人もいます。また、犯罪者遺族の人に――

「殺されるなんて、前世でよほど悪いことをしたんじゃないの？」

とか、

「先祖の因縁じゃないの？」

と、得体の知れないものを持ち出して責められたり、

「殺されるような原因が、そっちにもあったんじゃないの？」

と言われた、というのです。家族を亡くした悲しみを更にズタズタにされる言葉です。殺された後も追い打ちをかけて、被害に遭っているようなものです。

と書いているのは、原田正治で「弟を殺した彼と、僕」（ポプラ社）です。弟が殺されて、原田は死刑廃止運動に加わったのですが、テレビ出演すると無言電話がひっきりなしにかかってきたというのです。「これには辟易しました。『言いたいことがあるなら、聞きますよ』

と言うのですが、そういうと途端にプッツリと切れるのです」と。

一九九七年六月末、神戸市須磨区の児童殺傷事件でA少年が逮捕される事件がありました。この事件を担当した弁護士が記者会見すると、弁護士会には「会長の首しめたろか」「記者会見をしたH弁護士を殺せ」などといった嫌がらせ電話が殺到したといいます。


私の家や事務所にも、「弁護士を外に出すな」「今から抗議に行く、もう家の近くに来ている」などという電話や、「金儲けのためにはどんなことでもするのか」という匿名の手紙など送られてくるようになった。ひどいのは、子どもが電話をとると、「お前もあの子のようにしたろうか」と言う。どういうわけか本名を名乗ってきた者は一人もいなかった。

警察のほうでも心配して、私の家を重点的にパトロールしてくれるありさまとなった。


と、神戸連続児童殺傷事件弁護団長の野口善國は、著書「それでも少年を罰しますか」(共同通信社)に書いています。

「悪人は警察に捕まる」を正当化するためか、逮捕したら自白に追い込みます。では、自白はどのようにして行われるのか、平沢武彦・編著「平沢死刑囚の脳は語る　覆された帝銀事件の精神鑑定」(インパクト出版会)には——

「私は逮捕以来四十日近く否認を続けました。にもかかわらず検事はそれを認めようとはせず、連日長時間の厳しい取り調べを続行しました。私は何度絶望し、人間を憎悪し、この世の矛盾に突きあたったかわかりません。その時は、心から死んだ方が楽だ。死ねば証が立てられるという気になりました。それも失敗すると疲労困憊し検事に合わせる以外に方法はないと思ったのです」

「私は初めから真犯人ではないと言っているのです。自白は検事が勝手にでっちあげたものです。こっちが黙っていると検事が『じゃ、平沢君、これこれということにしようや』『ね、いいだろう』（検事の声色と表情を真似てみせる）というので、私はこんなヤツラに何を言っても仕方がない、あわれなヤツラだと思いましてね、『まあいいでしょう』と答えたんです。そうすると、ここに拇印を押してくれというから、拇印を押す。それで調書にしてるんですよ。本当は何ひとつ証拠なんてありゃしないんです。だから警視庁にいるとき三回自殺をはかったんです」。

冤罪事件ではないかと「救う会」ができますが、絞首刑と隣合わせの日々を過ごすこと三七年、九五歳の老衰で他界しました。また、「名張事件」の犯人とされた奥村も、死刑確定から四三年間にわたり死刑執行が見送られる一方、再審請求も認められず刑務所で八九歳で他界しました。「三崎事件」で逮捕され、死刑を宣告された荒井政男は、無罪を訴えつづけましたが二〇〇九年に東京拘置所で敗血症のため八二歳で獄死しました。一九九二年二月に起きた「飯塚事件」で、死刑判決が出た久間三千年は「真実は一つしかない。私は無実である」と訴えつづけましたが、その訴えは虚しく異例の速さで死刑が執行されました。平野啓一郎は、著「死刑について」（岩波書店）のなかで――

判決から執行まで二年余りという異例の早さです。死刑執行のおよそ一〇日前、足利事件で証拠とされたＤＮＡ鑑定の信憑性に疑いが生じ、再鑑定がなされる見通しであることが広く報道されました。飯塚事件でもＤＮＡ鑑定が重要な証拠とされておりその問題点を覆い隠すために死刑の執行が急がれたのではないかという指摘もなされています。

死刑によって、その恐怖から相手に心を入れ替えさせよう、という発想は、本当に正しいのでしょうか？　自分の死が怖いということと、相手の死がどうだったのかということは、交換可能ではありません。

死刑制度が存続するかぎり、冤罪は後を絶たないでしょう。警察と検察は自白を得ることに大きな力点を置いています。裁判所は自白にもとづいた検察官の主張に沿って判決を下しています。この裁判所の「自白尊重主義」を改めない限り、冤罪を断ち切ることはできないのではないでしょうか。

ハワイ大学のデイヴィット・ジョンソン準教授は、「ぼく自身は死刑に反対の立場です。犯罪学的理由としては、死刑に抑止力がないということと冤罪が多いこと。個人的な理由としては、人間の『いのち』は世の中で一番大事なことだからです」と言っています。ジャン＝マリ・カルバス著「死刑制度の歴史」吉原達也／波多野敏訳（白水社）によると――

死刑廃止キャンペーンは、一八四〇年以来、『ニューヨーク・トリビューン』紙の創設者ホーラス・グリーリとアメリカ死刑廃止協会（一八四五年創立）によって進められた。一八四六年以後、ミシガン州は（反逆罪を除いて）死刑を廃止し、終身刑に代えた。一八五二年には、ロードアイランド州が無制限で死刑廃止を採用し、翌年ウィスコンシン州もこれに倣った。これ以後、それぞれの州（連邦憲法は刑事立法を各州の判断に委ねている）は多様かつ変動の激しい政策を採用した。犯罪状況次第で、死刑があるときは廃止され、またあるときは（少なくとも一定の犯罪について）復活した。アイオワ州では一八七八年に、コロラド州では一八七七年と一九〇一年に、カンザス州では一九〇七年と一九三五年に。メイン州では、一八七六年に廃止され、一八八三年に復活したものの、一八八七年ふたたび廃止された……。死刑が維持されたところでは、ゼネラル・エレクトリック社による見事な宣伝キャンペーンの結果（!）、一八八〇年から絞首刑に代わって電気椅子が採用され、これが刑罰の緩和だと信じられた。ラテン・アメリカでの死刑廃止は、ブェネズエラ（一八六三年）、コロンビア（一八六四年）グアテマラとブラジル（一八八九年）、ニカラグア（一八九二年）、ホンジュラス（一八九四年）で、次々と勝利した。ボリビアでは、一八七八年憲法により、死刑は殺人と戦時の反逆罪についてだけ残された。

スイスでは、死刑廃止はまず若干の州で決定されました。その後一八七四年に連邦全体に拡張されましたが、王が恩赦を与えることで、法律で死刑を廃止するのと同じような完全撤廃が事実上行われました。

フランスでは、二〇世紀初頭まで死刑は公開によるギロチン刑で執行されていましたが、一八四八年、ユゴーは憲法制定議会の席上で「皆さん、憲法はとりわけフランスによって、フランスのために制定される憲法は、必然的に文明に向けての一歩です。それが文明に向けての一歩にならなければ、憲法に意味はありません。死刑とは何か。死刑とは、野蛮さを示す特殊で永遠のしるしです。死刑が頻繁に執行されるところでは、野蛮が支配します。死刑が稀なところでは、文明が支配しています」と、さらに「一八世紀は拷問を廃止しましたし、それは一八世紀にとって誇るべきことです。一九世紀は死刑を廃止するでしょう」と訴え、一九八一年に全面的に廃止されました。EU加盟国はすべて死刑を廃止しており、死刑廃止がEUの加盟条件となっています。

アメリカでは、絞首刑に代えて一九世紀に電気椅子を選択しました。この電気処刑は一八九九年、女性に対する初の処刑としてニューヨークで行われていますが、故障も多かったようです。もともと電気椅子は、死の苦痛を軽減するために発明されたものですが、「現実には、電気の『剣』の恐るべき一撃と、火刑台に積み上げられた薪の高熱を組み合わせたものに過ぎない」と、ジャック・キヴォーキアンは言っています。

ギロチン誕生から、電気椅子の発明につながった電気、ガス室を生み出した化学、とそれぞれの進歩が実現した後、アメリカでは一九八〇年代に薬物注射が普及しました。これも進歩というのでしょうか。かつては時間をかけて、苦しませて処刑していたのが、迅速で苦痛が伴わない処刑に変わってきたのです。

二〇二三年六月、死刑囚の小日向将人は東京拘置所でプロテスタントのキリスト教教誨師K師から受洗しました。小日向将人　山本浩輔著「死刑囚になったヒットマン『前橋スナック銃乱射事件』実行犯・獄中日記」（文藝春秋）に――

進藤牧師は元々死刑制度には反対しているが、実際に執行が近いと思われる小日向と面会することでその思いを強くしている。

「死刑廃絶が進む国際社会から取り残されますし、近年は『死刑になりたい』と言って周りを巻き込む事件が本当に多い。しかも抑止力になっていませんよね。毎年、悲惨な事件が起きています。

クリスチャンとしては、人の命はあくまでも神様が握っていると考えます。人間のすることには間違いだってつきものです。冤罪だってあり得ます」

一方で遺族に思いを馳せることもあるという。
「小日向の犯行により、一方的に大切な家族を奪われた遺族の辛さは凄まじいものだと思います。彼のことは絶対に許せない、それは当たり前です。ただ、法による復讐劇で、スッキリできるでしょうか……。

と、しっかり議論することを提案しています。政府は、「憲法改正」の議論を促すまえに「死刑制度」を議論すべきでしょう。岸田首相は、第二一一回国会で、「憲法改正もまた、先送りできない課題です」と演説しました。第二一二回臨時国会でも「国家の基本法たる憲法の改正もまた、先送りできない重要な課題です」と、オウムのように同じ言葉を繰り返しましたが、いまだに出来ないのは、国民がそれを望んでいないからです。

第二部　憲法

第一章　日本国憲法の誕生

日本は太平洋戦争で無条件降伏。受諾したポツダム宣言には、軍国主義の駆逐、基本的人権の尊重、平和的傾向の責任ある政府の樹立などが含まれています。それには、まず明治憲法を改正しなければなりません。しかし、政府は憲法改正には消極的でした。

一九四五年一〇月、首相の幣原喜重郎とマッカーサーの会談が行われました。このとき、マッカーサーの発言から幣原は憲法の改正は避けられないと考え、国務大臣の松本烝治を委員長にした憲法問題調査委員会を設置したのです。

委員会は改正案づくりに着手しました。ところが、松本試案を毎日新聞がスクープしたのです。それを読んだ民生局のホイットニー局長は、顔色をかえて怒ったそうです。というのも、試案は明治憲法の枠組みをそのままに文言を言い換えていただけの内容で、ポツダム宣言に応えていなかったからです。そこで、ＧＨＱ民生局が日本の憲法草案をつくることにしたのです。

一方、各政党や民間のグループも憲法改正の研究が進められていました。民間グループには、「憲法研究会」や「憲法懇談会」などがありました。「憲法研究会」のメンバーは、高野岩三郎、森戸辰男、杉森孝次郎、岩淵辰雄、馬場恒吾、室伏高信、鈴木安蔵などで、「憲法懇談会」は、稲田正次、尾崎行雄、岩波茂雄、渡辺幾治郎、海野晋吉らです。「憲法研究会」の「憲法改正要綱」は、一九四五年一二月二六日に発表されました。

ＧＨＱはこうした動きを、逐一調査し、もっとも参考になるのは『憲法研究会案』だとしています。ＧＨＱがのちほど自ら作成した日本国憲法案のなかに、この研究会の案のなかの幾つかの規定が入っているようです。

と書いているのは、高坂節三著「経済人からみた日本国憲法」（ＰＨＰ新書）です。

河相一成著「市民の、市民による、市民のための日本国憲法論」（光陽出版社）には——

その中でとくにＧＨＱが関心をもったのは、「憲法研究会」の草案だったのでした。地方自治などの考えが欠けているが、「全体として民主主義的」と評価しています。そして、憲法研究会の考えがＧＨＱの草案にすべて採り入れられたのでした。つまり、ＧＨＱは当時の民間の良心的な憲法像を全面的に採用したという事実に重みがあるのです。このことからも、外国からの押し付け、という一方的な非難は当たらないでしょう。

と、書かれています。半藤一利と保阪正康が対談している「憲法を百年いかす」（筑摩書房）にも、半藤一利は「鈴木安蔵グループの案は、ＧＨＱ民生局の憲法草案に影響を与えたとも言われています。ぼくは与えたと思っています」と言い切っています。さらに、「激しい討議を山ほど経て、それででき上がった憲法なんですよ。それをマッカーサーのおしつけ憲法だ、けしからんからぜんぶダメだなどというのは、当時の日本国民を馬鹿にしているとしか思えない」と。保阪正康は「この憲法は、アメリカがつくったのではない。我々がつくったんだという自負を多くの日本人は持って欲しいということです」と、さらに「押しつけ憲法、あるいは占領憲法、マッカーサー憲法と謗る人たちの誤ちはなにかというと、くり返しますが、それは歴史への冒涜だと思っています」と言っています。

寺井一弘／伊藤真／小西洋之著「平和憲法の破壊は許さない　なぜいま、憲法に自衛隊を明記してはならないのか」（日本評論社）には——

この憲法を戦勝国からの「押しつけ」だと捉える考え方もあります。しかし、日本国憲法の事実上の原案となったのは、憲法史・政治史の研究者である鈴木安蔵氏が、憲法研究会においてまとめた憲法私案「憲法草案要綱」であり、これに大きな影響を受けて作成されたGHQ案が、普通選挙で選ばれた代表者で構成される国会で審議され、条文が追加され、さまざまな修正を含めて審議し、議決されていきました。審議し議決したのが日本国民である以上、日本の国民がつくった憲法であり、押しつけ憲法でもマッカーサーがつくった憲法でもありません。

鈴木安蔵は京都帝国大学文学部哲学科に入学。一九二六年一月、最初の治安維持法違反で検挙され、有罪が確定すると大学を自主退学。その後上京して『無産者新聞』の活動に入ったことなど、小西豊治著「憲法『押しつけ』論の幻」（講談社現代新書）に詳しく書かれ

――

日本国憲法は、アメリカによって輸入され押しつけられた、日本人の思想と乖離した法典では決してない。むしろ、明治以来の日本の伝統的デモクラシー思想が、日本と総司令部双方の努力によってついに結実したものと見るべきなのである。日本国憲法の核心部分は、日本人が生み出したものである、このことを忘れてはならない。

池上彰も「日本国憲法の草案はアメリカが作ったものですが、その内容の多くは、日本の学者グループの改革案を参考にしていたのです」と、「池上彰の憲法入門」（ちくまプリマー新書）に記しています。

日本の学者グループの改革案を参考にしていたアメリカ人の一人が、民生局法規課長マイロ・E・ラウエル中佐です。

終戦時、来日したラウエルは鈴木安蔵の論文など多くの文書に目を通し、憲法改正の検討を始めていた。かねてから憲法調査会に注目していたラウエルは、翻訳を入手する

と直ちに分析に取りかかった。

と、書いているのは塩田純著「9条誕生　平和国家はこうして生まれた」（岩波書店）です。その時の経過を一九七二年、歴史学者デイル・M・ヘレガースのインタビューで語っている録音テープが、アメリカ・ミズーリ州にあるトルーマン・ライブラリーに残されていることが同書に紹介されています。

「私個人は、その民間の草案に感心しました」
「民間グループによる提出された憲法に私は感心したのを覚えています。大きな一歩の前進となったと私は思いました。意識的であろうと潜在的であろうと私は間違いなくその影響を受けています」
「民間の草案要綱を土台として、いくつかの点を修正し、連合国最高司令官が満足するような文書を作成することができるというのが、当時の私の意見でした。憲法の制定を私は期待していました。ほかのだれもが同じように期待していたと思います」

憲法研究会の草案に高い評価を与えたラウエル。一九四五年の暮れから正月休み返上で、詳細に分析し報告書をまとめ、一月一一日、ホイットニー准将の承認を経て、マッカーサー直属のサザーランド参謀長に提出された。そこにはこう結論づけられていた。
「ここに含まれている条文は民主的で受け入れられる」

その後、ラウエルはGHQ民生局が憲法草案を作成する際、運営委員会の中核メンバーとして活躍することになる。その際、憲法研究会の草案を参考にしたと一九七二年のインタビューで答えている。

日本ペンクラブ編『憲法についていま私が考えること』（角川書店）のなかで玄侑宗久は――

改憲派が改憲すべき理由に挙げる「押しつけ」憲法という見方は、今となっては些か聞き苦しい。確かにGHQやマッカーサーのプレッシャーは大きかったにしても、彼らの素案はすでに鈴木安蔵らの憲法研究会案を下敷きにしている。GHQ案は閣議決定で承認され、その後に「日本案」をまとめた内閣法制局の佐藤達夫第一部長は、三十時間に及ぶ徹夜作業で仕上げるという孤軍奮闘ぶりを見せた。期限を切られたこの翻訳と修正の作業を、「押しつけ」と見る向きもあるようだが、それも粘り強く妥協点を探った佐藤氏に失礼というものだろう。

佐藤部長を中心にした日本側とGHQ側を交えた、＜三十時間に及ぶ徹夜作業＞を詳細に書いているのが、前に紹介した塩田純の「9条誕生」です。

第三章の人権条項に入ったのは深夜、午前二時ごろだった。GHQ側は「出身国」を削除したことを質し、議論の末、「国籍」による差別の禁止を復活させることになった。また「凡ての国民は」と直した部分も「凡ての自然人は」に戻された。

佐藤達夫は交渉について回想している。

「要所要所については先方は一歩もゆずらなかったが、マ草案そのものはどうも急ごしらえのものらしく、原案をめぐって向こうの連中同士で議論をはじめたり、こちらからの質問に対して明確な答えが得られなかったり、――そのために削った条文も若干あった」

実際、この時削除された条文はいくつかある。レッド条項といわれた土地の国有化の削除も「あまりに概念的で一般の人にはわからないから削りたい」と申し出ると、了承された。

国会の章からは、広い会議室に移り、やがて窓の外に暁の色が兆してきた。

佐藤は「新しい日本の黎明」だと思った。

全部終わったのが五日の午後四時ごろだった。一睡もせず、三〇時間に及んだ交渉。

さらに、「帝国憲法改正案委員小委員会」で、各政党が修正案を持ち寄って幾度も審議されていますが、小委員会は記者の入場も一般議員の傍聴も許されない秘密会で、速記録も公開されませんでした。しかし、この速記録はマッカーサーの命令で英訳され、ＧＨＱに提出されていたのです。

日本語の速記録が公開されたのは、審議から四九年後の一九九五（平成七）年九月二九日のことである。公開によって、日本人自らの手で様々な修正が行われた詳細な経緯が明らかになった。憲法九条のいわゆる「芦田修正」をはじめ、憲法二五条の生存権や義務教育の中学校までの延長など、小委員会でなされた修正は多い。憲法を日本人のものとしていく苦闘の軌跡が読み取れる。

「芦田修正」というのは、第九条2項が保持を禁止している「軍」・「戦力」は、あくまで「国際紛争を解決する手段」、つまり侵略用の軍隊や戦力で、侵略に使わないのであれば、軍隊や戦力は持ってもよいという解釈が「芦田修正説」と呼ばれています。

木村草太著「自衛隊と憲法　これからの改憲議論のために」（晶文社）には――

「前項の目的を達するため」との文言は、日本国憲法の原案を審議した第90回帝国議会で、芦田均衆議院議員の提案で挿入されたものとされます。「芦田議員による修正の意図が、侵略用でない軍隊や戦力の保有を認めるところにあった」というのが、この説の論拠となっています。「芦田氏の意図ではなく、シンプルにこの文言から、こうした結論を導き出せる」という見解もありますが、芦田氏の修正に依拠することには変わりありませんから、それも広い意味での「芦田修正説」と呼んでいいでしょう。

第九〇回帝国議会は、一九四六年に開催されて日本国憲法の原案を審議しています。そこで、この時の吉田茂首相は、憲法草案について、〈――（前略）故に我が国に於いては如何なる名義を以てしても交戦権は先づ第一自ら進んで放棄する、放棄することに依って全世界の平和の確立の基礎を成す、全世界の平和愛好国の先頭に立って、世界の平和確立に貢献する決意を先づ此の憲法に於て表明したいと思うのであります（拍手）〉と説明しています。この日本国憲法草案は、アメリカ、ソ連、イギリス、中国、オーストラリア、オランダ、フランス、ニュージーランド、フィリピン、カナダ、インドの一一カ国から構成されている極東委員会でも検討されています。つまり、アジア・太平洋諸国の注視するなかで産声をあげたのです。

憲法が公布された一九四六年一一月三日、昭和天皇は「まことにこの憲法は民主主義に基づいて国家を再建しようとする日本国民の総意によって確定されたものであります。そして、全世界に率先し、戦争を放棄することをその条項に明らかにしたことにつきまして、私どもはかぎりない誇りと責務を感じるものでございます」と、ラジオ放送を通じて広く国民に報じました。

その翌日、山本有三は憲法への熱い思いを朝日新聞の時評に寄せているのを、毎日新聞編集委員鈴木琢磨編著「日本国憲法の初心　山本有三の『竹』を読む」（七つ森書館）で紹介しています。

……問題は、どれだけ武力を持つかということではない。そんなものは、きれいさっぱりと投げ出してしまって、裸になることである。そのほうが、どんなにさばさばするかしれない。裸より強いものはないのである。なまじ武力など持っておれば、痛くもない腹をさぐられる。それよりは、役に立たない武器なぞは捨ててしまって、まる腰になるほうが、ずっと自由ではないか。そこにこそ、本当に日本の生きる道があるのだと信ずる。

日本国憲法が公布され、全国各地で祝賀行事が行われて、多くの人々が祝典に参加し、行事や余興を楽しみました。さらに硬い解説の書物から、紙芝居、レコード、かるたなどの国民向けの啓発グッズまで多種多様に世に送り出されました。江橋崇著「日本国憲法のお誕生　その受容の社会史」（有斐閣）には――

新聞やラジオがこぞって素晴らしい憲法だと伝え、批判的な言説は一つも報道されない。東京大学の偉い先生がやってきて新憲法の意義、内容を教えてくれる。その日はお祝いの日になりこの日限りであるが国旗日の丸の掲揚も認められる。県知事や市長も初めて選挙で選んでその人たちが先頭に立っておこなわれる行事に参加するように求められる。芸能の大会やスポーツの大会が開催される。お祝いのお酒やたばこの特配があり、食料品も出回る。こうしたことのすべては、東京で起きたおめでたい国家の慶事への地方草の根における協賛であった。そして、公布日や施行日の翌日の新聞には、全国で祝賀の行事が盛大におこなわれた様子が報道され、批判的な事象は何一つ伝えられていないから、祝祭は日本全国でこぞっておこなわれ、日本国民は絆で結ばれ、気持ちを一つにしたのだと改めて納得することができる。日本はワン・チーム、これが各地の国民が感じたところであったと思う。

＜戦争放棄＞は理屈ではありません。子供も大人も喜びを肌で感じていたのです。「私は、戦争放棄の条章を見て、飛び上がるほど嬉しかった」と記しているのは、久田栄正＋水島朝穂著「一憲法学者のルソン島戦場体験　戦争とたたかう」（日本評論社）です。

　私はこれを見た時、目の前がパーッと開けたような気がしました。私は復員した時もう三〇歳になっていた。私の青春はどうしてくれる。その後の人生をどう生きようか。生活不安と同時に、戦争にまた駆り出されるのではという不安が重なったなんともいえない不安感が頭に重くのしかかっていたのですが、それが一挙に消えてしまった。これからはこの憲法と生きよう。私のこれからの人生は、この憲法のために生きよう。そう決意したのです。

品川正治は、憲法九条を復員する船上で知って〈感動に震えた〉と、「手記　反戦への道」（新日本出版社）に記しています。船内には、新日本国憲法の全文が収録されている新聞が持ち込まれていたのです。

「お前たちはこれから日本の国に帰る。日本の国の新憲法草案が発表された。品川、大きな声で全員に聞こえるように読め」

新聞を私に突き出した隊長の目は涙でいっぱいだった。なぜだか分からず、渡された新聞の日本国憲法の草案を大きな声で読み始めたが、まず最初に驚いたのは文体だった。軍隊生活では大本営発表などの文体しか目にしていない。ところが、この憲法前文を読み始めて、おやっという感じがしたのだ。

読み進め、九条の部分を読み終わると、全員が泣きだしていた。戦争放棄をうたい陸海空軍は持たない、国の交戦権はこれを認めない。

こんなことを憲法に書けるだろうか、よく書いてくれた。これだったら亡くなった戦友も浮かばれる——私は、読みながら突き上げるような感動に震えた。

隊員の誰もが泣き出していた。私も次を読み進む声が出ない。そのまま野口隊長に差し出すように返したが、隊長は一番大きな声を出して泣いていた。

私と憲法九条との出会いは、大学一年のときです。それは、法学の試験で毎年〝憲法九条について〟という試験問題が出題されると聞いたからです。そこで、第二八条の団結権に出会いました。

当時、私は昼間は総理府恩給局で臨時職員として働いていました。日給二四五円、六〇%が夜学生でした。五時、退庁のベルが鳴ると、学生服の臨時職員が一斉に門を出るので、恩給大学とも言われていました。仕事は課によって内容は異なっていましたが、課によってはノルマがありました。毎日、報告書を提出させる課もありました。

仕事中は、隣の人との私語を禁じ、机の上に私物の本や新聞をおくことを禁じている課もありました。従って、昼食時に食堂に集まってくる者の会話は、「昼休み時間に、どうして将棋をしてはいけないのかな」とか「どうして、頻繁に席替えするのかな」「インキ壺の置き方が悪いなんて課長に注意されたが、俺ギッチョなんだよ」など、愚痴と不満が渦巻いていました。そんなとき、仕事の合間に本をひろげていた友が即座にクビになりました。臨時職員とはいえ、即座にクビとは酷すぎる、と思っても抗議する手段はありません。そこで組合をつくろうと思いました。それには、まず仲間をつくらねばなりません。

職場の歴史をつくる会編「職場の歴史」（河出新書）には――

こうした中で、一課のH君とO君が、農林省の人達が中心になって勉強していたスターリンの「社会主義の経済的諸問題」の学習会に参加していた。丁度この頃、読書会を作ろうという声があり、小さな紙切れに自分のもっている本と名前を書いて出し合い、一冊のノートを作った。ノートには宮本武蔵からトルストイの「復活」など、いろいろな書名が記入されていたが、そのなかに「日本資本主義講座」や「蟹工船」を記入しているN君やK君がいた。

ここに書かれているO君とは、私のことですが、H君、N君、K君らの友が友を呼び、二四名で組合結成準備委員会を結成して非合法のうちに活動をはじめました。そして、組合結成準備委員会の名で、機関紙『あし』を出しました。

準備委員は全員朝早く登庁し、それとなく『あし』第一号を机の上においたり、どこからともなく回覧形式でまわしたり、信頼のおける人たちの手から手に渡したりして、反響は非常に大きかった。いろいろな人の胸にいろいろな形をもって、響いていった。なかには何気なく手にとった『あし』の内容が何であるかを知ったとき、恐ろしさの余り、読みもしないで放り出し、知らぬ顔をしたものもいた。しかし、殆どの人が「やったな！」という顔で大事にポケットに仕舞われた。

「でも、本当に組合なんて出来るのかしら」と、不安顔で呟いている者もいた。

官公労の応援もあり、遂に組合結成日を迎えました。私は、その日は早朝出勤し〝組合に結集しよう〟と書いたビラを庁舎内に貼って回っていました。すると、やはり早朝出勤してきた課長にみつかり、「お前は、何をやってるんだ！」と怒鳴られました。そのとき私は「憲法で保証されたことをやってます」と答えて早足に、その場から立ち去りました。詳しくは、拙著「『バカ』と『憲法』」（栄光出版社）に書いていますが、組合が出来てから、日々を楽しく、言いたいことを言い、思いのままに過ごせたのは憲法のお蔭だと思っています。

ところが、現憲法はアメリカから押しつけられたものという「押しつけ」論や「時代遅れ」が、いまなお罷り通っています。

樋口陽一は、「いま、憲法は『時代遅れか』〈主権〉と〈人権〉のための弁明」（平凡社）で次のように応えています。

「押しつけられた憲法だからやめてしまおう」という人たちも、本当は、外からの押しつけという形式の問題より、押しつけられたという中身の実質を問題にしているのです。改憲を説く人びとが、国外からの求めにこたえる内容を説くという自分たちの矛盾を気にする気配を見せない点も、そう考えれば合点がゆきます。

実際、個々の条文についていうと、改憲を主張する人びとにとって、多分本当にそれが必要なのは、九条についてだけなのです。

本書を柄谷行人は、〈憲法は国民が国家権力を縛るものだ、という観点から見ると、現行憲法は「時代遅れ」であるどころか、きわめて今日的である。憲法二五条一項には、こうある。『すべて国民は、健康で文化的な最低限度の生活を営む権利を有する』。たとえば、震災でホームレスとなり職を失った人々を放置するのは憲法に反する。また、放射能物質の飛散によって人々の生活を脅かすのは、憲法違反であり、犯罪である。本書は、多くの事柄に関して、憲法からそれを見るとどうなるかを、教えてくれる。憲法全文も付載された、最良の入門書である〉と、評しています。

「いまの憲法は現状に合わない」という意見には、姜尚中が著書「姜尚中の政治学入門」（集英社新書）に――

改憲議論のなかには、憲法には実体的な価値がなければならない、とする意見があります。

例えば、憲法の前文には国の伝統とか文化、愛国心などがないから、それらを書き込むべきだという議論があります。そもそも、憲法には、個別具体的な価値の実体に口を挟む義務などないのです。あくまでも、人民から権力を受託した側が、それを恣意的に行使できないように制約を課すものであって、その考えのもとに立憲主義は成立しているのです。

憲法改正論議で不思議に思うのは、改正論者たちが異口同音に、現行憲法には日本国の伝統文化や歴史、そのユニークな文化に関する言及がなく、個人の権利ばかりが強調されていると非難していることである。これは、明らかに近代立憲主義の理念を曲解しているとしか言いようがない。つまり、国の最高法規である憲法には、国柄やその独自な価値に関する規定がなければならず、また何よりもまず、国民が尊守すべき義務や規制が盛り込まなければならないというのである。

だが本来、近代的な立憲主義に基づくならば、憲法は国家にかかわる何らかの実体的な価値を含むわけでなく、またそのあるべき趣旨からすれば、憲法の目的は国民の信託に基づいて権力を行使する国家機関を制約することにある。この点で憲法改正論議は、本末転倒しているのである。

二〇二一年五月三日の憲法記念日を前に、朝日新聞社が憲法を中心に全国世論調査を実施しています。憲法九条については「変えない方がよい」が六割以上を占めていますが、憲法を変える必要があるという改憲必要派は四五％、そのうち「アメリカからの押しつけで、日本の国防が反映されていない」が三五％を占めていました。

「戦争とは何か　国際政治学の挑戦」（中公新書）の著者多湖淳は、同書に――

日本国憲法を一言一句変えるなといった頑なな護憲の立場を著者はとらないが、しかし憲法九条が担ってきた周辺国に対する安心供与の効果は決して軽んじてはならない。たとえば、平和憲法の存在は自衛隊の海外派遣を抑制してきたし、また装備においても航空母艦や敵基地攻撃能力は保持しないということで他国に対する脅威とならないことを示してきた。

この点に関連して、自民党の元国会議員・元幹事長である古賀誠が、『憲法九条は世界遺産』という書籍を二〇一九年に上梓している。そこで「九条の維持が中国、韓国との信頼を生む」としており、保守派の元政治家にも同じような認識が存在することは強調しておきたい。この論点については、イズムを越えて国民的な議論が必要である。

呉座勇一は、<本書は一般にはあまり知られていない国際政治学の最先端の議論を紹介する優れた入門書である。（中略）憲法9条を持つ経済大国日本を一般的な議論で説明できるのかという疑問も残る。著者の研究の更なる進展を期待したい>と評しています。

元首相の宮澤喜一は、「いま憲法を変える必要はないと考えている人間です」と言い、副総理や内閣官房長官などを歴任した後藤田正治は、「ワシが五十年間生き残ったのは、再び日本を軍国主義にしないためじゃ。学徒出陣でいくさに出た学友の三分の一が還らなかった」が口癖だったと、紹介しているのが、佐高信著「この人たちの日本国憲法　宮澤喜一から吉永小百合まで」（光文社）で、一〇人の方々が登場しています。

佐高信は本書の、〈はじめに〉のなかで〈この十人がどういう人生を生き、どういう考えで日本国憲法は大事だと主張しているかそれを知ってもらいたかった〉と。その一〇人とは、左記の宮澤、後藤田の他、「戦争で得たものは憲法だけだ」と言った城山三郎。『平和の戦略』で自衛隊をはっきり違憲と指摘した佐橋滋。「戦争って言葉なくせばいいんですよ。『大量殺人』でいいんです」と、さらに「兵隊や兵士という言葉も美化しているから、『殺し屋』でけっこう」と言い切った美輪明宏。「歩く日本国憲法」と言われ、「憲法九条が変えられたら、自分はもう日本国籍なんかいらない」と言った中村哲のほか、三国連太郎、宮崎駿、吉永小百合、野中広務などです。

経済人のなかでの戦争体験者、堤清二（辻井喬）や中内功を紹介しているのが、立石泰則著「戦争体験と経営者」（岩波新書）です。

セゾングループの経営から離れた堤清二は、詩人・作家、つまり「文化人」としての活動が中心になる。その流れから政治的な活動にコミットしたケースがある。それは、憲法九条をめぐる改憲の動きに反対して出来た「マスコミ九条の会」の呼びかけ人になったことである。

マスコミ九条の会は、もともと井上ひさしら九名の著名人が「九条の会」を設立し、各地で改憲反対をアピールした動きから生まれたものである。他には、民放九条の会や映画人九条の会などが誕生している。堤はマスコミ九条の会が主催するイベントや講演会などに参加し、改憲反対の活動を続けた。ちなみに、マスコミ九条の会の呼びかけ人は七十名である。

本書ではさらに、加藤馨、塚本幸一、中村伊一、川口郁雄らの経営者について書かれていますが、皆さんが永眠されました。いまは亡き、加藤馨の言葉を再録させて貰います。「いま、世の中で憲法改正のことなど耳にします。そして軽々しく徴兵や再軍備の話がなされます。しかし戦争を体験した者としては、戦争などはあってはならないものです。人と人が殺し合う。そして戦地で食糧がなくなると、人間は自分が生きるためにはとんでもないものを食さずにはいられなくなります。そのように、戦争は悲惨で残酷なものです。あのような悲惨な事態を二度と起こしてはいけません」と。

上野千鶴子著「ニッポンが変わる、女が変える」（中央公論社）は、瀬戸内寂聴や加藤陽子を含めた一二人の女性たちと対談している本ですが、そのなかの澤地久枝との対談で――

澤地　敗戦によって日本人が手にした唯一のものは何かと言えば、憲法です。

上野　多くの歴史家も、現行憲法が占領軍の押しつけ憲法であるというのは事実に即さない、と言っています。にもかかわらず「改憲じゃなくて廃憲」という暴言が公然と流通する世の中になり、大向こうの喝采を浴びる。20年前ならこんなこと、石原慎太郎も口にできなかったと思いますよ。
澤地　喝采を浴びましたか。それほどの喝采じゃなかったでしょ？
上野　どうでしょう、「改憲の機は熟した」と彼らは思っているでしょう。彼らの声が声高になっていくのは、やはり戦争を体験した人たちが――。
澤地　退場し始めたからですよね。
上野　メディアからも政治からも退場していることが大きく影響しています。今は、〝戦後生まれのボクちゃん〟たち安倍クンや橋下クンがのしています。
澤地　だけど、人が年取って死んでいくのは自然なことだから、この流れもまた自然。みんな、体験を引き継ごうとしただろうけれど、何も感じていない人もたくさんいます。日本がアメリカと戦争したことさえ知らない人もいる。

このことについて、半藤一利が五〇人の学生に、第二次世界大戦で日本と戦わなかった国はどこかというアンケートをしています。

（イ）アメリカ（ロ）ドイツ（ハ）ソ連（ニ）オーストラリアというように質問を出した。そうしたら、アメリカにマルをした学生が五十人中十二、三人いた。正解はドイツですが、これが十二、三人。オーストラリアにマルをしたのも相当いた。「オーストラリアならまだしも、アメリカにマルをするとはいくらなんでも君たち」というと、一人手を上げたのがいました。これが「どっちが勝ったのですか？」と聞く。これには参りましたね。これではこの国の将来は困ったもんだぞ、と思いました。
この人たちはたぶん今は母親になっている歳でしょう。それが子供たちにとんでもないことを教えるんじゃないかと心配です。

との記述は、半藤一利著「いま戦争と平和を語る」井上亮編（日本経済新聞出版社）です。作家、ジャーナリスト、弁護士などがそれぞれの立場から憲法について執筆しているのが、すでに紹介しました日本ペンクラブ編「憲法について　いま私が考えること」です。赤川次郎他、四三人の作家が国のこと、未来のことを語っています。

赤川次郎は、＜私は憲法について、特に学んだ記憶はない。むしろ高校を出て勤め人となって、母と家族の暮らしを支え、小説を書いて、それが幸運にも世に出て作家になった。その生き方が、気が付けば「憲法に合っていた」のである。憲法は私にとって、与えられたものではなく、ましてや押し付けられたものなどでなく、いつもそばにいる友のようなものだ＞。
太田治子は、＜日本国憲法は、世界に向かって平和の大切さを語りかけています。日本人であると共に、だれもが地球人でもあるということを、日本国憲法は教えてくれます。このような立派な憲法を作って下さった皆様一人、一人に心から感謝します。これ以上の憲法は、今の日本ではとても考えられないと思います。平和憲法を、大切にしたいと考えます〉。

三田誠広は、〈ぼくはこの憲法が好きで、こういう憲法のもとに生きていることに誇りを感じている。憲法というものは、理念であっていいとぼくは思う。この理念を大切にする。そういう心意気があればいいのであって、憲法が実情に合わないなどと、ケチくさいことを言って改憲しようとする勢力に対しては、警戒しなければならない。そのような輩は、何らかの利権を目当てにして、改憲を提案しているのだろう〉と。

第二章　憲法が国と国民を守る

かつて岸田首相は所信表明で「国民の命と暮らしを守るため、いわゆる敵基地攻撃能力を含め、あらゆる選択技を排除せず」と演説しました。岸田首相は、敵基地を攻撃して、相手は反撃して来ないと思っていたのでしょうか。それとも、敵が反撃してこられないように全滅させる気でいたのでしょうか。いずれにしろ、軍隊は国民を守りません。

現実の問題として、太平洋戦争で地上戦となった沖縄で、軍隊は国民を守ったでしょうか。三上知恵著「証言　沖縄スパイ戦史」（集英社新書）には――

「国を守る」ことと「そこに住む人を守る」ことは決して同義語ではないということを私たちが肝に銘じておかなくてはならない。この軍隊の発想を私たちの側が理解しない限り、軍隊は私たちを守ってくれるという都合のいい解釈で軍事費増大を許し、軍事政権に力を吹き込んで、自らの手で悲劇を引き寄せていく愚かな民に逆戻りしてしまうからだ。

沖縄では軍隊が国民を守るどころか、危険にさらしました。大城将保著「改訂版沖縄戦民衆の眼でとらえる『戦争』」(高文研)には——

　やがて、戦争が激しくなって、兵隊さんたちがやってきて、「ここは友軍がつかうから、あんたたちは出て行きなさい」というんです。母は、「こんな子供をつれて逃げることもできないから、じゃまにならないように、片すみにでもおいてください」とお願いしたんですが、「戦闘のじゃまだから出て行きなさい」ときいてくれないんですね。仕方ないから、母はモッコをかついで、片方には食料、片方には衣類なんか詰めて、妹の手をひいて、私は母の着物を後ろからつかまえて、そうやって夜の道をあてもないのに、ただ西の方、いまのひめゆりの塔の付近ですね、そこへ向かって歩いていったんです。

　どこ行っても、壕の中は兵隊がいっぱいで、銃剣を持った兵隊が入口に立っていて避難民がくるとおっぱらうんです。母がいうには、「自分たちはこれまで軍に協力してきて、どうしようもなくて避難してきているんだから、せめて子どもたちだけでも入れてください」とお願いするんですが、「子どもはよけいジャマだ。泣き声をあげたら絞殺されるぞ」とおどかされて、目のかたきにされて追い出されるんです。昼間だと、あっちからもこっちからも砲弾、爆弾が落ちてきます。ヒューーッと音がしたら、崖であろうが水たまりであろうと、うつ伏せになって、ぜったい動いてはいけないんです。少しでも動くと、母から殴られてしまいました。

この本の初版は一九八五年です。その三年後に改訂版が出ています。同書には、沖縄戦の経過から、集団自決、集団投降、住民虐殺の事例、餓死とマラリア、さらに大量の逃亡者が続出したことなど、戦場の諸相を記述しています。

上地一史著「沖縄戦史」（時事通信社）には——

住民にとって、いまや赤松部隊は唯一無二の頼みであった。部落の集結場所へ集合を命ぜられた住民はよろこんだ。日本軍が自分たちを守ってくれるものと信じ、西山A高地へ集合したのである。しかし、赤松大尉は住民を守ってくれなかった。「部隊は、これから米軍を迎えうつ。そして長期戦にはいる。だから住民は、部隊の行動をさまたげないため、また、食料を部隊に提供するため、いさぎよく自決せよ」と、はなはだ無慈悲な命令を与えたのである。

ある日、伊江島住民の中から若い女五人と男一人がアメリカ軍の命令をうけて赤松の陣地に降伏勧告状を持って行くことになった。伊江島で捕虜になったこの人たちは、渡嘉敷島の内情がわからない。堂々と白昼白旗をかかげて赤松の陣地へ向かった。赤松はこの人たちを捕縛、ただちに処刑を命じた。日本刀を擬せられ首の座についたこの人たちは最後に「海行かば」を歌って斬首された。
渡嘉敷島の住民で十五、六才の少年二人も銃殺された。自決のとき負傷していたのをアメリカ軍に収容され、これも降伏勧告のために赤松の陣地に来たのが不運であった。自決の場所から逃げアメリカ軍に降伏し意を通じたという理由で、この少年を処刑したのである。このほかに防衛隊員七名が命令違反の罪で斬られ、豊見城村出身の国民学校訓導大村徳安も注意人物ということで、斬首された。

山川泰邦著「秘録沖縄戦記」(沖縄グラフ社)には――

敵の砲弾は的確にこの盆地にも炸裂し始めた。友軍は住民を砲弾の餌食にさせて、何ら保護の措置を講じようとしないばかりか『住民は集団自決せよ!』と赤松大尉から命令が発せられた。自信を失い、負け戦を覚悟した軍は、住民を道づれにして一戦を交え、はなばなしく玉砕するつもりだろうか。

日本研究者として知られるノーマ・フィールドは、〈日本兵の存在それ自体が、陰に陽に、沖縄人の集団自決という出来事を引き起こしたのだ〉と、「天皇の逝く国で」大島かおり訳(みすず書房)に書いています。そして――

沖縄人がみずから「選んだ」ことの「立派さ」を、たとえば家永教科書裁判の国側の証人に立った作家、曽野綾子は言うが、こういう気高さの強調によって、民間人の自殺は軍人の死に比せられるようになり、したがって砕ける玉と散りゆく桜花のレトリックにおける「玉砕」として、記憶するにふさわしいものとなるのである。本土の兵士たちのほとんどが、はたして彼らの栄光ある死を「選択」したのかどうかという疑問はさておくとしても、曽野や政府役人が示したがるたぐいの敬意は、二級市民として扱われた沖縄人の歴史を都合よく忘れている。それは、遅れた原住民を文明の名のもとに教化・訓練する人種差別的な植民地主義が生みだすのと、おなじ種類の歴史なのである。

沖縄の集団自決について、曽野綾子著「沖縄戦・渡嘉敷島集団自決の真実　日本軍の住民自決命令はなかった!」（ワックBUNKO）には——

しかし、村民全体が自決せよ、というような重大な命令がでた、ときいたとしたら村の指導者の中に、それは軍の越権である、と思う人がいてもよかったのではないか。女子供や、若い人だけならば別として、少なくとも、大陸で戦争を体験して来た人がそこに一人でもいたなら、そこにいささかの疑念を持たないというのはおかしいことである。

赤松大尉が抜刀して、今にも切りつけんばかりであっても、村の指導者は、それに抗議を申し込む責任がある。

と。しかも「責任」にルビを打っています。しかし、著書「ある神話の背景　沖縄・渡嘉敷島の集団自決」（文藝春秋）には、隊員に甘味品を与えたくて一女性に依頼するくだりがあります。

赤松大尉は蓉子に来てもらう。澱粉、いも、何でもいいのである。少しでも甘いものはないでしょうか。と大尉は頼む。
古波蔵蓉子はきっと顔を上げる。銃後の乙女であった。兵隊さんの頼みを拒絶することはできない。女子青年団で何とかします。皆少しずつ持ち寄ります、という温かい返事が返って来た。

＜兵隊さんの頼みを拒絶することは出来ない＞と書いたことと矛盾しているのに、気付いていないようです。曽野綾子が沖縄について書いた著書には、この他に、「切り取られた時間」（中央公論社）や「生贄の島」（講談社）などがあります。
「切りとられた時間」は、赤松の行為を検証する作品として提供されましたが、＜この小説は「検証」になっていない＞と断じているのが、成田龍一著「『戦争体験』の戦後史　語られた体験／証言／記憶」（岩波書店）です。

渡嘉敷島の集団自決に関して、住民たちに命令を出したとされる赤松嘉次・元大尉を登場させ、彼にかかわる「神話」をとりあげて、これまでの解釈を斥け批判する。『切りとられた時間』は「宗教的な立場」からの小説であり、「事実はどうでもよかった」とされているが、その取材過程で出会った赤松に「真実」を書くように依頼され、あらためて赤松の行為を検証する作品として提供された。そのため『ある神話の背景』では、『鉄の暴風』をはじめ、渡嘉敷島の「集団自決」を記した文献への批判がなされるのである。

そして、曽野の論議は、＜はじめから『鉄の暴風』や『沖縄ノート』への批判を目的にしているといえる＞と、さらに＜曽野が沖縄へむかう問題意識が不明であることは歪めない。書き換えそれ自体を目的とする以上に、曽野の作品から沖縄への関心を読み取ることは難しい＞と。曽野に対して、佐高信は著書「安倍政権の10の大罪」（毎日新聞社）のなかで――

あなたは山崎行太郎氏の『保守論壇亡国論』（K＆Kプレス）は読んだのでしょうか。

（中略）

あなたが「軍命令はなかった」という決定的な証拠のように挙げている赤松大尉の「陣中日記」に対しても、山崎氏は「そもそも資料的価値があるのかないのか、というような物書きとしての初歩的な疑いすら持たず」と容赦がありません。あなたを含めて保守論壇の幼稚化はひどいというわけです。

「愚かな保守からよりも、優秀な左翼から学ぶべし」というのが山崎氏の持論だそうですが、「愚かな保守」の典型とされるあなたは反論すべきでしょう。しかし、〝お嬢さん婆さん〟のあなたには無理でしょうね。

山崎行太郎の「保守論壇亡国論」には<現在の保守論壇のスターたちが、学問的にも思想的にも沖縄集団自決問題について語る資格がなく、所詮は大衆を煽動するだけの運動家にすぎないことを証明している。つまり、資料や文献を精読するか、あるいは現地調査や取材を何度も行うことで、沖縄集団自決という歴史の真実を探究していくことが目的ではなく、ただマスコミで騒ぎ立てることだけを目的にしているということだ。彼らは沖縄集団自決問題だけではなく、米軍基地反対運動など、沖縄で行われている運動一般を批判している。そして、沖縄で騒いでいる住民たちは、騒げばカネが出ると思って騒いでいるだけだ、などとまで言い出す始末である>と。

また、適菜収と山崎行太郎が対談している「エセ保守が日本を滅ぼす」(K&Kプレス)で、山崎は「たとえ政治的な見解で対立があったとしても、文学をきちんと読んでいる左派からは学ぶべきところもあります」と言っています。

<国民を守るはずの軍隊が国民を守らなかったという悲しい現実がある>と、書いているのは、樋口陽一著「個人と国家—今なぜ立憲主義か」(集英社新書)です。

守らなかっただけではなくて、積極的に国民を危険な状態に置いたという悲しい現実がある。日本軍隊の最精鋭をえりすぐったと言われていた満州（現中国東北部）駐屯の関東軍が、いち早く逃げ出して民間の日本人居留民を放棄して、惨憺たる目に遇わせた。「中国残留孤児」問題という悲劇は、まさに五十年たった今もまだ残っている問題です。

大戦中、満州や朝鮮、南洋諸島にいた方々はそれを実感しています。

赤塚不二夫と永井憲一が対談している「日本国憲法なのだ！」（草土文化）のなかに――

赤塚　――悔しいのは、終戦になって、民間人のぼくたちは、軍隊が守ってくれるどころか置き去りにされたことだよ。最初に逃げたのは軍隊だった。

永井　沖縄戦でも、そうだった。アメリカ軍が上陸すると、はじめから軍隊は山の上に逃げていて、民衆を前衛に立たせたらしい。

赤塚　そういう目にあっているから、政府が自衛のための軍隊だ、なんて説明してもぼくらを守ってくれるものじゃないって、てんで信用しないの。

かつて、満州へ侵攻してくるソ連を前にして、関東軍幹部と「満州国」の日本人幹部らは、いち早く朝鮮、そして日本内地へと引き揚げていったのです。国民は関東軍と政府に見捨てられ、置き去りにされました。

関東軍首脳は満州の北部一帯約三分の一からの撤退を決定。八月一一日には新京から合計約三万七七〇〇人の退避を開始した。内訳は軍関係者（関東軍の上級関係者たちや将校の家族）・二万二一六人、満鉄関係家族・約一万六七〇〇人、大使館及び関東局関係家族・七五〇人である。新京に在住していた邦人一四万人のうち三割にも満たない。関東軍関係者は、憲兵の護衛つき特別列車だった。

一一〇二団（隊）あった二二万三〇〇〇人の開拓団に対しては「由らしむべし知らしむべからず」が徹底し、いっぺんの通知もなかった。

と書いているのは、新海均著「満州集団自決」（河出書房新社）です。

城戸久枝著「あの戦争から遠く離れて」（情報センター出版局）には――

その年の夏、戦況の悪化により開拓団の男たちは根こそぎ召集され、入植地には老人や女性、子供ばかりが残されていた。そこへ突然ソ連軍が侵攻してきたのである。対峙すべき関東軍は防衛戦を南下させる作戦を実施し、戦線を後退させた。関東軍に見捨てられた開拓移民たちは、このとき事実上の「棄民」となった。逃げまどう開拓移民の多くは、帰国のための列車にも乗ることができず、日本へ帰るすべを探しながら主要な都市をめざして歩くしかなかった。しかし、逃避行のなかで彼らを待ち受けていたのはまさに生き地獄というべき悲惨な運命だった。

ソ連軍による爆撃や銃撃、暴行で命を落とす人、絶望の果てにやむなく集団自決した人、病に斃れ亡くなる人、現地の中国人たちに襲撃され殺害される人など、敗戦直前の混乱のなかで多くの人々が命を落とした。

満州を支配していた関東軍の将校だった人物に、記者が民間人を置き去りにした理由を質問したシーンが、立石泰則著「戦争体験と経営者」（岩波新書）に書かれています。

元将校はそれも分からないのかと記者の不勉強を呆れたと言わんばかりに、そして子供を諭すように答えた。

「日本の軍隊は皇軍と言いますよね。皇軍の意味はご存じですか。皇軍とは、天皇の軍隊という意味です。つまり、天皇を守るのが皇軍の務めです。だから、国民を守るのが日本軍の、皇軍の務めではありません」

要するに、関東軍が開拓団など民間人を置き去りにしたことのどこが悪いのかというのである。国民の生命を守るのは軍隊ではないのだから、置き去りにして当然だというわけである。

これでは「お国のために」と信じて戦場に赴き死んだ兵隊が救われない。ここにこそ「戦争の本質」があるのかも知れない。戦争は、私たち国民にとって「百害あって一利なし」なのである。

もし、敵が上陸してきて、ある地域が戦場になって住民が避難しているときに、同じ道路を戦闘に向かう米軍や自衛隊がやってきて、住民と鉢合わせした場合はどうなるのでしょうか、吉田敏浩著「ルポ　戦争協力拒否」(岩波新書)には——

もしも人びとが命の危険から一刻も早く逃れようとして、米軍や自衛隊の通行優先に抗議して従わなかったらどうなるのだろうか。国民保護法には罰則があり、通行禁止など交通規制や警戒区域、立ち入り制限、退去命令、物資の保管命令に従わなかった者などに対して、懲役もしくは罰金が科せられることになっている。すると、この場合も逮捕されてしまうのだろうか。殺気だった混乱のなか、威嚇射撃はむろんのこと、銃撃など実力で排除されてしまう可能性だってなきにしもあらずだ。

と書いていますが、＜——なきにしもあらず＞ではなく、大本営の参謀は「轢き殺していく」と言ったのです。

伊藤真著「やっぱり九条が戦争を止めていた」(毎日新聞社)のなかに——

歴史小説家の司馬遼太郎は、昭和二〇年（一九四五年）当時、関東平野を守るべく栃木県佐野の戦車第一連隊に所属していました。そこで大本営から来た少佐参謀の言葉に驚きます。

連隊のある将校が、このひとに質問した。「われわれの連隊は、敵が上陸すると同時に南下して敵を水際で撃滅する任務をもっているが、しかし、敵上陸とともに、東京都の避難民が荷車に家財を積んで北上してくるであろうから、当然、街道の交通混乱が予想される。こういう場合、わが八十輛の中戦車は、戦場到達までに立ち往生してしまう。どうすればよいか」

高級な戦術論ではなく、ごく常識的な質問である。だから大本営少佐参謀も、ごくあたりまえな表情で答えた。

「轢き殺していく」

（『歴史の中の日本』中公文庫）

こうした体験から、司馬遼太郎は別の随筆で次のような論評をしています。

……戦争遂行という至上目的もしくは至高思想が前面に出てくると、むしろ日本人を殺すということが論理的に正しくなるのである。（中略）沖縄戦において県民が軍隊に虐殺されたというのも、よくいわれているようにあれが沖縄における特殊状況だったとどうにもおもえないのである。

（『歴史と視点―私の雑記帳―』新潮文庫）

古今東西、そもそも軍隊は住民や国民を守るものではないのです。自衛官出身の軍事専門家、潮匡人さんは、「軍隊は何を守るのかと言い換えるなら、その答えは国民の生命・財産ではありません。それらを守るのは警察や消防の仕事であって、軍隊の『本来の任務』ではないのです」（『常識としての軍事学』中公新書ラクレ）とはっきり指摘しています。これが軍事専門家のいうところの「軍事の常識」なのです。間違っても、外国が攻めて来たときに、私たち住民、国民を軍隊が守ってくれると考えてはいけません。

軍隊が国民を守らないことは、自衛隊のトップにいた栗栖弘臣も言っています。そのことを書いているのが、佐高信著「新・佐高信の政経外科　自公政権お抱え知識人徹底批判」（河出書房新社）です。

栗栖は総合幕僚会議議長という自衛隊のトップの地位にいたが、二〇〇〇年に出したこの本で、次のように言っているのである。

「自衛隊は国民の生命、財産を守るものだと誤解している人が多い。政治家やマスコミも往々この言葉を使う。しかし国民の生命、身体、財産を守るのは警察の使命（警察法）であって、武装集団である自衛隊の任務ではない」

それでは、自衛隊は何を守るのか？

「自衛隊法にある如く国の独立と平和を守る」のだという。この場合の「国」とは、「わが国の歴史、伝統に基づく国有の文化、長い年月の間に醸成された国柄、天皇を中心とする一体感を享有する民族、家族意識」であり、「決して個々の国民を意味しない」と栗栖は断言する。

「国の独立と平和を守る」というのは、自衛隊法の自衛隊の任務＜第三条　自衛隊は、わが国の平和と独立を守り、国の安全を保つため、直接侵略及び間接侵略に対しわが国を防衛することを主たる任務とし、必要に応じ、公共の秩序の維持に当たるものとする＞にあり、国民を守るとはどこにも書かれていません。国民の生命と財産を守るのが警察の任務ということは、警察法第二条に＜警察は、個人の生命、身体及び財産の保護に任じ――＞とあり、2に＜――いやしくも日本国憲法の保障する個人の権利及び自由の干渉にわたる等その権限を濫用することがあってはならない＞とあります。憲法には、＜個人の基本的人権＞や＜集会・結社の自由＞が明記されています。ところが、一九五二年五月一日のメーデーでは、デモ隊と警官隊が衝突して死者が出ているのです。

安岡章太郎著「僕の昭和史」（新潮文庫）に、梅崎春生のルポルタージュ「私は見た」を紹介しています。

――このルポはデモ隊の人数がどのくらいいたのか、具体的に書いていないのでよくわからない。おそらくそれは、警察官の十倍よりは多く、百倍よりは少なかったという程度であったろうか。いずれにしても、当時のデモ隊はヘルメットもゲバ棒も、また石コロなども持っておらず、もっぱら非武装無抵抗の集団であったといえる。一方、警察隊の方は鉄兜、警棒のほか催涙ガスや鉄砲の用意があった。だから、デモ隊が皇居前広場へ入ろうとするのを、馬場先門のあたりで阻止しようとすれば出来ないことはなかっただろう。しかし、警察官は、むしろデモ隊を広場へ導入し、デモ隊が二重橋に向かって押し掛けるのをみたとき、前後からこれを取り囲んで警棒を振るい、ガス弾を発射したらしい。

ついに、警察官はガス弾だけではなく、ピストルも発射した。梅崎（春生）氏は最初それをピストルの実弾音だと聞いただけでも、百発は優に越えていたという。

当然、病院へ直ぐ運びこまなければならないような重傷者が大勢出たが、彼らの大部分は応急手当てを受けただけで、芝生や草原の上に血まみれになって横たわったままうめき声を上げていた……。

さらに、＜私たちが、日比谷公園寄りの歩道を、交差点に向かってゆっくり歩行していると、警察官の一人が、目をつり上げ、警棒を威嚇的にふりかざしながら、「貴様らぁ、まごまごしてると、ぶったくるぞ。貴様らの一人や二人、ぶっ殺したって、へでもねえんだからな」＞と。この「血のメーデー」では、騒乱罪は成立せず、二百数十名の被告が全員無罪になりました。

デモ隊の前面に出てくるのは、常に警官隊てす。同じ年、石川県の内灘村に米軍の試射場として砂丘を接収することに反対して、村民が座り込み、デモ隊と警官隊が衝突した「内灘事件」。さらに、一九五七年には、東京にある在日米軍基地立川飛行場の拡張を巡る闘争のなかで起きた「砂川事件」があります。私は恩給局の組合から参加しましたが、闘争は緊迫した空気のなかで測量をめぐり警官隊とたびたび衝突、一〇〇名を越す負傷者を出すこともありました。そして一九五七年七月八日、デモ隊の一部がアメリカ軍基地の立ち入り禁止の境界線を壊して基地内に入ったとして、デモ隊のうち七名が行政協定違反で起訴されました。東京裁判所は、日本国憲法第九条2項によって禁止されている武力の保持にあたり違憲であるとして全員無罪を判決し、伊達判決として注目されました。

山本章子著「日米地位協定　在日米軍と『同盟』の70年」（中公新書）には——

マッカーサーは伊達判決を知ると急いで藤山外相に会い、通常の手続きである高等裁判所への控訴ではなく、最高裁判所に直接訴える跳躍上告を勧めた。伊達判決を速やかに取り消させることが狙いだった。さらにマッカーサー自ら、最高裁長官と面会して速やかな判決を要望すると伝える。日本政府はマッカーサーの要望通りに跳躍上告の手続きをとり、最高裁は一九五九年一二月、日米安保条約の違憲性は裁判所が判断すべきことではないとして、地裁判決を破棄、差し戻した。しかし、マッカーサーは伊達判決によって、日本国民が日米行政協定の正当性を認めていない現状を痛感しただろう。

と。この伊達判決が安保条約の改定の協議中のアメリカや政府にいかに甚大な衝撃と恐怖を与えたか、裁判に対する考えられない介入を行ったのです。それは、当時の田中耕太郎最高裁長官は、事前にアメリカ駐日大使と密談し、伊達判決の破棄を約束していたことが、二〇〇八年になってアメリカに保存されていた公文書から判明したのです。

憲法を武器にした闘いに「恵庭事件」があります。北海道恵庭町の陸上自衛隊演習場に隣接する酪農業をしていた野崎一家は、昼間は航空機、夜中は戦車砲に悩まされ、自衛隊に再三にわたって演習中止などを求めて公開質問状を出しましたが無視されます。そこで一九六二年一二月、野崎兄弟は自衛隊の通信網を切断したのです。すると、二人は自衛隊法第百二十一条違反で起訴されます。自衛隊法第百二十一条は、〈自衛隊の所有し、又は使用する武器、弾薬、航空機その他の防衛の用に供する物を損壊し、又は傷害した者は、五年以下の懲役又は五万円以下の罰金に処する〉とあります。被告は、自衛隊は憲法九条に違反していると争いました。このとき、現地調査の一団が組まれたとき私も参加して野崎牧場を訪れ、裁判も傍聴しました。長谷川正安著「日本の憲法」（岩波新書）には――

恵庭事件は、札幌地裁で四年にわたり、四〇回という公判を重ねた。野崎兄弟を支援する人々が札幌にきて、毎回の公判で傍聴席を一杯にした。審理の中心になったのは自衛隊の違憲性についてであり、札幌地裁判決（一九六七年三月二九日）をまえにして、事件関係者の多くは、自衛隊違憲の判決がでるのではないかと予想した。裁判所の訴訟指揮の仕方が、そう予想させたのである。しかし、判決は意外なことに憲法論にふれず、野崎兄弟が切断した通信線は防衛用の器物に該当しない、という自衛隊法第一二一条の条文解釈をつかって被告人を無罪とした。異例中の異例と思われたのは、負けた検察側に控訴の意志がなく、事件が一審だけで確定してしまったことである。

この判決は、憲法論に触れなかったので「肩すかし裁判」とも呼ばれました。自衛隊の違憲性を裁くはずだった被告人側は、憲法にふれない無罪の理由に必ずしも納得できなかったのですが、無罪では控訴するわけにもいかなかったのです。

自衛隊について争われた裁判に、長沼ナイキ訴訟があります。一九六九年、北海道夕張郡長沼町にナイキミサイルを配備するため、保安林の指定を解除する処分がなされました。これに対して、地元住民が自衛隊は違憲であり、保有林指定の解除処分も違法だと、指定解除処分の取り消しを求めて国を訴えたのです。

これについて札幌地方裁判所は一九七三年九月七日、自衛隊は違憲だという明確な判断を下しました。政府はこの判決を不服として控訴し、札幌高等裁判所は一九七六年八月、地方裁判所の判決を取り消し、自衛隊については判断しませんでした。

戦争の放棄、個人の尊重、学問の自由、国民の生存権、勤労の権利義務、財産権等々、国民を守ってくれるのは憲法です。

第三章　憲法の力

憲法は為政者を縛る法で、主権者である国民の宝です。国民は宝の持ち腐れにならないよう、日々の活動のなかで活用するようになりました。
憲法第二五条を武器にして闘ったのが「朝日訴訟」で、重度の結核療養患者であった朝日茂が起こした裁判です。渡辺治著「憲法9条と25条・その力と可能性」（かもがわ出版）には――

この裁判は、生活保護の実態を詳細に明らかにし、それが憲法二五条の「健康で文化的な最低限度の生活」とはいかにかけ離れているかを暴露し、一九六〇年一〇月に出された第一審判決――裁判長の名を取った浅沼裁判は、生活保護基準が憲法二五条に違反するという画期的な判断をしたのです。

しかし、厚生省側の控訴に基づく第二審は、生活保護のひどい実態を認めつつ「違法とまではいえない」と原告朝日の訴えを退ける判決を出し、最高裁も上告後に朝日茂が死去したことを受け、訴訟の継承を否定した上で「念のため」と称して、二五条の法的権利性を否認する議論を傍論で展開しました。

けれども、こうした結末にもかかわらず、この裁判を機に、二五条は具体化され、日本社会を大きく変えていく梃子として働き始めたのです。

住友セメントで働く、鈴木節子は一九六〇年に正規従業員になる際に、「結婚するか、または満三五歳に達したときは退職する」という念書を求められて会社に差し出していました。しかし、会社で働くなかである男性と結婚することになりました。その男性も住友セメントの社員でした。そして結婚したときに、会社は「約束どおりあなたはお辞めください」といって六四年三月、解雇の通知をしてきました。しかし、それまでの会社の女性のように、泣く泣く会社を辞めるという道を拒否して、会社を相手どって、結婚退職制度は憲法一四条の「法の下の平等」に違反する、と主張して裁判を起こしたのです。

結果は、鈴木の主張は認められましたが、会社で働き続けることができず、退職せざるをえませんでした。しかし、大きな成果は住友セメント会社が結婚退職制度を廃止したことです。それだけではありません。多くの大企業が結婚退職制度の取りやめを検討せざるを得なくなったことです。

また、日産自動車で働いていた中本ミヨは、男性五五歳、女性五〇歳という五歳の差別定年制は憲法上の権利を侵害している、と主張して裁判を起こしました。裁判は最高裁までもつれ込み、一九八一年、日産自動車の上告を退けて、五年の定年差別は憲法上の性による差別に当たるという判断を下しました。

この判決のあと、労働省は、一斉に全国の大企業に対して、こうした差別定年制度は違憲だから是正せよという行政指導をおこないました。

憲法二十条の〈信仰の自由、国の宗教活動の禁止〉にかかわる訴訟に、「自衛隊合祀拒否訴訟」があります。

一九六八年、盛岡の自衛隊員であった中谷孝文は、勤務中に交通事故で死亡しました。一般社会と自衛隊の架け橋となるべく設立された隊友会は、中谷の霊を地元の護国神社に祀る手続きをとりはじめました。しかし、妻の康子はキリスト教信者なので、護国神社に祀られることを拒否しました。にもかかわらず、合祀通知がきたのです。

田中伸尚著「自衛隊よ、夫を返せ！」（現代書館）には――

自衛隊を被告にして裁判を起こすことは、考えてもみなかった。裁判なんて自分の住んでいる世界とは無縁だ、と思っていた。しかし、気持ちの上では、康子自身が法廷に立ったわけではないし、名指しで自衛隊の非を喧伝したわけでもなかったから楽だった。夫が勤めていた職場という意識しかなかったうえ、まだ身びいきもいくらかあった。ただ、冷たいところだ、というぐらいの目しか持っていなかった。一方では、同じ様な事故で泣き寝入りしている遺族がいるのではとも思い、その人たちのためにとも思い、幾分かの躊躇を持ちながら訴訟に踏み切ったのである。

著者は、全国各地で憲法を武器（目的をとげるための有力な手段）に、様々な闘いをしている人たちを「憲法九条の戦後史」（岩波新書）で紹介しています。

一九八〇年一一月一五日、「良心的軍事費拒否の会」（代表・石谷行さん＝二〇〇二年死去）のメンバーら二二人が、税金から自衛隊関係費を支出するのは憲法違反だとして、違憲確認などを求める訴えを東京地裁に起こした。石谷さん（当時法政大学教員）らは、自衛隊は憲法が禁止した軍隊に当たるから、その関係費に該当する税金を払う義務はないとして、支払いを拒否したところ、七九年と八〇年に差し押さえ処分を受けた。そこで石谷さんらは、差し押さえは無効、自衛隊関係費分の支払い義務はないという違憲確認訴訟を東京地裁に起こしたのである。

〈その後も軍事費支払拒否の運動は全国的にさまざまな市民に継承されて、現在も続いている〉と。この本の初版は二〇〇五年ですが、「一〇〇年かかっても納税者基本権の確立を裁判所が変わるまで問い続けよう」と加島弁護士は大きく構えています。

また、鹿児島出水市の友田良子は、「九十億ドル支出差し止め訴訟」の新聞記事が目に留まり――

「そうだ、私も」。こう思った友田さんは、周囲に相談したが、「難しい」などあまり積極的な声が聞けない。そこで人づてに大阪の加島宏弁護士に教えを請うた。加島弁護士は、先行していた東京や大阪の訴訟関係のコピーまで送ってくれた。

こうして友田さんは、ハンストを一緒にしたもうひとりの女性と九一年四月一〇日九〇億ドル支出違憲確認等請求訴訟を鹿児島地裁に起こしたのである。弁護士をつけない本人訴訟であった。

「女ふたりの平和訴訟」は全国に伝えられ、たくさんの励ましの便りが届きました。なかには、脅迫状もあったそうですが、地裁での違憲陳述の傍聴席は満員で溢れてしまったことを紹介しています。

「湾岸戦争」への戦費支援である九〇億ドルの支出、さらに初の「海外派兵」となった掃海艇派遣、カンボジア派兵、ＰＫＯ協力法、ゴラン高原派兵などについては、九一年三月から東京、名古屋、大阪、広島、福岡などで市民らが違憲訴訟を提起していった。これらは友田さんの訴訟も含めて「市民平和訴訟」といわれた。結果はことごとく退けられたが、全国で二〇〇〇名を越える多数の市民が九条や前文などを軸にして違憲訴訟を起こしたことは初めてだった。司法の壁はたしかに高く、厚いが、だからといって問わないという選択肢は「平和市民」にはない。

全国で起こされた「市民平和訴訟」に参加した人たちの中には訴訟だけでなく、実践活動としても九条を生かす人びとがいた。

九一年一二月一一日、福岡県民五一人が掃海艇派遣について福岡県の苅田港に入港許可を与えた県知事を被告にして住民訴訟を起こした。訴訟を、と最初に声を上げたのが同県築城町の酪農家、渡辺ひろ子さん(一九四八年生まれ)だった。掃海艇のペルシャ湾派遣は海外派兵の地ならしになると感じた渡辺さんは、他の「平和訴訟」とちがって自治体に戦争協力させないという意味を込めて、唯一地方自治法に基づいて住民訴訟を提起したのである。

憲法を武器にした闘いは、全国各地で行われています。これまで、尊属殺人は「死刑又は無期懲役」で、執行猶予はつけられませんでしたが一九七三年、最高裁は尊属殺人罪は憲法十四条に違反する、と違憲の判決を下しました。詳しくは、谷口優子著「尊属殺人が消えた日」(筑摩書房)に書かれています。

また長い間、日本の法廷では限られた司法記者クラブの人しか、メモをとることが許されませんでした。それを、アメリカ青年が法廷メモが禁じられていることは、日本国憲法二十一条に違反していると訴えたのです。
門田隆将著「裁判官が日本を滅ぼす」（新潮文庫）には――

誰もが甘んじていた法廷でのメモ禁止という日本の裁判所の悪弊を、アメリカ青年の〝常識〟が、あっさりと打ち破ったのである。
このことは、裁判官とは、法廷の中でさえ憲法に抵触するようなことを長い間、平気で行っていた人たちであるという驚くべき事実と共に、日本の裁判がちょっとしたきっかけで、いくらでも変わり得ることも同時に示している。

とにかく、何か言うと「下々」（これは、麻生太郎が初めて選挙にでたとき飯塚の駅前で「下々の皆さん」と呼びかけた）は、すぐに憲法を持ち出してくるので、自民党は一刻も早く憲法を変えたくて仕方がないのです。しかし、思うようにことが運ばないので、安倍晋三は拉致被害者を引き合いにだし、「こういう憲法がなければ、横田めぐみさんを守れたかも知れない。だから、改憲は必要だ」と言いだす始末。まさに八つ当たりです。
蓮池透は、著書「拉致被害者たちを見殺しにした安倍晋三と冷血な面々」（講談社）のなかで――

もし、日本政府が必死に拉致被害者を探しているのであれば、生存者がいると聞いた瞬間に、「返せ」あるいは少なくとも、「いまから日本の管理下に置く」というべきであった。死亡とされた人については、「いつ、どこで、なぜ」と、とことん問い詰めるべきであった。真実なら保障はどうするのか、そこまで詰問すべきであった。

しかし、現実は北朝鮮の言い分を鵜呑みにしてしまった。情報が伝わった日本国内では、福田官房長官が家族を呼び、「あなたの子どもは死んでいる」と断定したのである。

「改憲は必要だ」という言葉に対し、木村草太は、「木村草太の憲法の新手」（沖縄タイムス社）のなかで、＜権力者から、憲法を変えたいと提案されたときは、警戒して内容を吟味した方が良い＞と。さらに＜改憲論が盛り上がらないのは、改憲提案が稚拙すぎて国民の賛同を得られないからだろう。あまりに不合理な改憲提案は、何か悪いことをたくらんでいるのではないかと懸念を生むだけだ＞と。

麻生太郎は、改憲論が盛り上がらないのに痺れを切らしたのかどうかは知りませんが、「ある日、気づいたらワイマール憲法が変わって、ナチス憲法に変わっていたんですよ。誰も気づかないで変わった、あの手口を学んだらどうかね」と言いました。

「麻生太郎自民党副総裁は、言いたい放題、品のなさでは当代一の政治家だ。お仲間の安倍総理が空虚な言葉しか持ち合わせがないのにくらべれば、無知が原因だとしても、言葉に毒がある分本音というべきか」と言ったのは、鎌田慧です。「品がない」という指摘は鎌田だけではありません。佐高信と朝堂院大覚が対談している「日本を売る本当に悪いやつら」

（講談社＋α新書）には――

佐高　安倍ともう一人、とんでもないのがいますよね、麻生という。この二人がツートップっていうのがとんでもないですよね。この二人がどうしようもない。

朝堂院　どうしようもない。日本の政治のリーダーになるべき能力、人格、品格が備わっていないということは、両者に共通しています。

佐高　そうですね。

朝堂院　品がないじゃない、両方とも。

佐高　麻生太郎は横柄な態度に失言癖。アホウ太郎というか、それを秋田の萱が変に支えちゃってる。

いかに品がなくても、どんなに失言しても、勝手なことが出来るのは、自民党の議員が国会内で多数を占めているからです。

失言というより、憲法にかかわる暴言といえば「こんな馬鹿ばかしい憲法を持っている日本は、妾みたいなものだ」（倉石大臣）。「欠陥の多い憲法、欠陥がなけりゃ改憲論にならない」（稲葉大臣）。「日本は軍隊も持てないような憲法を作らされて、その中でもがいている」（中村正三郎大臣）。「半世紀前に作った憲法に後生大事にしがみついている」（中西啓介防衛庁長官）。こうした政治家の失言、放言、暴言を知りたい方は、土屋繁著「日本を決めた政治家の名言・妄言・失言」（角川書店）や木村厚著「政治家失言、放言大全　問題発言の戦後史」（勉誠出版）などがあります。最近では、上川陽子外相の「この方を私たち女性が産まずして、何が女性でしょうか」との発言に、「軽率な発言だ。産みたくても産めない人もいる」と批判をうけ撤回しました。

差別意識や放言の名主といえば森喜朗です。「教育勅語は、悪いところも、いいところもあった。全部ダメだというのはよくない」とか「日本は天皇中心の神の国である」、「投票に行かないで寝ててくれればいい」、「子供をつくらないで自由を謳歌している女性を税金で面倒みるのは変だ」、「女性がたくさん入っている会議は時間がかかります」等々。この森喜朗や麻生太郎、さらに安倍晋三は憲法改正推進本部の最高顧問になっています。安倍晋三は、参院予算委員会で小西議員から芦部教授の名前を持ち出されたとき「私は憲法学の権威でもございませんし、学生であったこともございませんので、存じあげておりません」と答弁して、「憲法学を勉強もされない方が憲法改正を唱えるとは信じられない」とやり返されています。

「どう考えても一国の指導者の器ではなかった」と言っているのが、朝堂院大覚です。著書「朝堂院大覚の生き様」（説話社）のなかで――

彼の頭にあったのは私利私欲を満たすことと自分の保身だけで、それは森友・加計問題や、金をばら撒くだけの外交姿勢を見てもはっきりしている。しかし、そんな男が、内閣総理大臣として憲政史上最長の在任期間を記録したのは信じがたいことだ。安倍を内閣総理大臣に指名したのは自民党で、選挙で自民党の議員を選んだのは国民である。まさに安倍は、愚かな国民が選んだ、愚かなリーダーだったのである。

「安倍晋三ほどできの悪いのはいなかった」と発言したのは、平沢勝栄です。平沢勝栄は学生時代、いろいろなアルバイトをして学費を稼いでいました。そうしたアルバイトの一つが家庭教師で、安倍の家庭教師もしていたのです。その言葉が安倍の耳に入ったのか、当選回数が多いにもかかわらず、安倍長期政権七年八カ月のなかで一度も大臣になれなかった、と「自滅するメディア」（講談社＋α新書）で望月衣塑子が記しています。平沢勝栄が復興大臣として入閣したのは、菅内閣になってからです。

頭の悪い・安倍晋三、差別の権化・麻生太郎、放言の名手・森喜朗、この三人を最高顧問にして「日本国憲法改正草案」を作成しているのですから、その内容は推して知るべし。日本国憲法の三本柱である「平和主義」「国民主権」「基本的人権の尊重」を根底から覆しています。

現行憲法の特徴である「国民の権利や自由を守るため国家や為政者を縛るための憲法」は「国民を縛るための国家や為政者のための憲法」に主客転倒している。近代憲法の本質は権力者が暴走しないように縛る「立憲主義」をとっているのに対し、自民党草案は権力者の側から国民を縛る逆転の論理に貫かれている。
天皇を国家元首に祭り上げ、国防軍を創設して平和主義を踏みにじり、公益や公の秩序のための基本的人権を抑圧する。天皇を含む権力者とその取り巻きの幸福のために国民に犠牲を強いるのだ。

と書いているのは、半田滋著「日本は戦争をするのか――集団的自衛権と自衛隊」(岩波新書)です。半田滋のいう〈主客転倒〉とは、改正草案の第百二条の〈全て国民は、この憲法を尊重しなければならない〉に集約されます。その姿勢が、第三条2の〈日本国民は、国旗及び国歌を尊重しなければならない〉や第九条二の〈国防軍〉を新設したことに連動します。国旗、国歌の尊重の背景には、愛国心の発揚があります。狙いは国民が、血を流す若者を支える国家体制の構築です。そして、九条三に〈国は、主権と独立を守るため、国民と協力して、領土、領海及び領空を保全し、その資源を確保しなければならない〉と。これは、沖縄戦を再現しろといっているようなものです。また、第十三条〈すべて国民は、人として尊重される〉と、〈個人〉を〈人〉にしています。

日本語としては、「個人」の文字から「個」を抜き、「人」と表記しただけのことである。同案の起案者は、一体、そこのどこが問題なのかと、反論する。しかし、この一字の削除は、そもそも「個人」とは、各々「人格」を有するがゆえに「尊厳」を保持し、立法その他国政上も最大限「尊重」されなくてはならぬ存在であるものを、単に各人の身体的・社会的属性に着目し、わけても家族を典型とする生活共同体の一員としての、日本の歴史・文化・伝統との繋がりのなかで、その与えられた一定の役割を従順に演ずる存在へと貶めるものである。

と、高見勝利著「憲法改正とは何だろう」（岩波新書）に書かれています。

＜「憲法がヤバい」――直観的にそう感じたのは、自民党の憲法13条の改正草案を目にしたときでした＞と書いているのは、白川敬裕著「憲法がヤバい」（ディスカヴァー携書）です。本の執筆の動機を、＜こんな大転換がはたして許されるのか、何か取り返しのつかないことになるのではないか、そんな危機感から、本書を執筆しました＞と。

「個人の尊厳」は算数の九九のようなもので、憲法学の授業で初めて学習する「憲法の根幹」です。その13条の「個人として」が、「人として」に変わっている……。

いったい、どういうことなんだろう？

そんな疑念をいだきながら改正草案を見ると、憲法の本質が、「国民の権利・自由を確保すること」から、「国家の形成・成長を確保すること」に変容していました。

基本的人権の内容も、「人間が生まれながらにして持っている権利」から、「共同体の中で生成された権利」に変わっていました。
国民主権も、「人類普遍の原理」から、「国の統治システムの一部」に格下げされていました。

樋口陽一と小林節が対談している『「憲法改正」の真実』(集英社新書)でも——

小林　この改正草案には問題点が山のようにあるなか、自民党の国家観、社会観が現れているもっとも重要な部分を取りだして、樋口先生とここまで議論してきました。そのなかでも、最大級の問題は、第三章で取りあげたように、自民党の議員たちが平然と「個人」の「個」をぱさっと削ったことにあると私たち二人の認識は一致しています。この「個人」が消された、という問題に、この草案の点検のまとめとして、最後に戻っていきたいのですが、なぜかと言うと、憲法からこの「個人」を消そうという自民党の意識と、今、見てきた無残な前文とが深いところで結びついている気がするからです。
樋口　私もそう思います。おそらくこういうことではないですか。日本国憲法の要は、おっしゃるように「すべての国民は、個人として尊重される」という十三条の条文です。これは権力が勝手なことをしてはいけないという、中世以来の広い意味での立憲主義が、近代になって凝縮した到達点です。個人が自由に、それぞれの個性を発揮して生きていく。そういう社会の基本構造をつくり支えるのが、憲法の持つべき意味だということですね。

すべての国民は、個人として尊重されるということは、子供、身体障害者、女性、老人など一人ひとりが尊重されることですが、人として尊重されるとなると、二人いても人、五人いても人、子供も老人も人、健常者も車椅子の人も人、いっぱひとからげにして、どのように尊重するのでしょうか。

極めつけは、思想及び良心の自由で、第十九条の〈思想及び良心の自由は、これを侵してはならない〉を、〈――保障する〉にしています。為政者が〈侵してはならない〉のを、為政者が〈保障する〉のですから、逆転させたその心臓には震えがきます。〔集会・結社・表現の自由〕の第二十一条では、〈前項の規定にかかわらず、公益及び公の秩序を害することを目的とした活動を行い、並びにそれを目的として結社することは、認められない〉と、2項を新設しています。これは、政府の気に入らない言論や報道、組合活動や市民運動はまかりならんと釘をさしているようなものです。保阪正康は「これは、ことによったら治安維持法よりも酷いかもしれません。時代逆行もはなはだしい」と言っています。

さらに、第九十九条の3項で〈緊急事態の宣言が発せられた場合には、法律の定めるところにより、当該宣言に係わる事態において国民の生命、身体及び財産を守るために行われる処置に関して発せられる国その他、公の機関の指示に従わなければならない〉と、緊急事態を設けました。
長谷部恭男と石田勇治が対談している「ナチスの『手口』と緊急事態条項」（集英社新書）で、長谷部恭男は――

長谷部　自民党の改憲草案における緊急事態条項で、まず、大きな問題となるのが、基本的人権の扱いです。基本的人権に関する憲法上の規定は「最大限に尊重されなければならない」と書かれていますが、これはむしろ「場合によっては基本的人権が制限される」ということを含意しています。「国その他公の機関の指示に従わなければならない」わけですから。なぜこうした条項を盛り込もうというのか。

結局、ドイツでワイマール憲法がナチスによる支配を許した過程において、緊急事態条項に相当するものが大きな役割を果たしていくのです。麻生太郎の「ドイツの手口を真似ればいい」と言ったことが頷けます。
木村草太著「自衛隊と憲法　これからの改憲論議のために」（晶文社）には――

実は、日本国憲法には、緊急事態条項がないという指摘も、そもそも不正確です。戦争や災害の場合に、国内の安全を守り、国民の生命・自由・幸福追求の権利を保護する権限は、内閣の行政権に含まれます（憲法13条、65条）。したがって、必要な法律がきちんと定められていれば、内閣は十分に緊急事態に対応できるはずです。

中野晃一と福島みずほの対談「嘘に支配される日本」（岩波書店）で、中野は――

小泉内閣時代に緊急事態に備えた法整備をしなければいけないという論議があったのですが、結局郵政民営化で流れました。

ただ、緊急事態条項の危険性について言えば、これは国内の敵を弾圧するためのものです。いったん戦争が起これば、国外の敵と戦うだけでなく、国内にも必然的に敵ができます。つまり戦争に反対する勢力が生まれるのですが、一丸となって戦争を遂行するために、この敵は封じ込められることになります。

ですから、怖いのは戦争そのものだけではなく、戦争をする国へと国内の体制が変わっていくことです。すでに特定秘密保護法がつくられ、共謀罪もある。こうした治安法制によって戦争に反対する人たちがあぶり出され、「非国民」として攻撃の対象になっていきます。

さらに集団的自衛権について、中野は――

集団的自衛権を行使して何をするのかはアメリカが決めるでしょう。アメリカが何の戦争をするのかを決めて、日本はそれに付いていくだけだろうと思います。アメリカもこの間、日本に対して、集団的自衛権の行使を容認しろ、九条を何とかしろと要請していました。九条は占領期のアメリカの決断によるものですが、「日本はもうそろそろ九条を外してもいいのではないか」と押し付けがましくアメリカが言ってくるのは、結局アメリカにしてみれば、アメリカの決める戦争に日本を付き合わせたいからです。アメリカが歯止めになるから、日本の軍国主義が再燃して、自分たちに歯向かってくることはもうないと考えているわけです。

つまり現在の改憲論には、戦前回帰の部分と、アメリカのお先棒を担いで一緒に戦争に行くという部分の両方があるので、解きほぐして理解しないといけないのではないでしょうか。

二階俊博はかつて自衛隊の憲法明記に「命を賭けて任務を遂行しようとする公務員の心に、尊厳と誇りと勇気を与えなければならない」と言いました。「命を賭けて」と言うからには、「殺す」か「殺される」かの認識はあるようです。人を殺すのに勇気がいることは分かりますが、尊厳があれば人は殺せません。二階の言ったことは、支離滅裂です。

前に紹介しました、寺井一弘／伊藤真／小西洋之著『平和憲法の破壊は許さない　なぜいま、憲法に自衛隊を明記してはならないのか』（日本評論社）には——

憲法改正によって自衛隊が明記されれば、国民投票によって民主的正当性が与えられたとして、戦前のような高度国防国家へと進む可能性がきわめて高くなるといえます。市民間では、批判する人が非国民呼ばわりされ、糾弾される風潮も出てくるでしょう。政府ではなく市民相互の罵り合いによって、異論、反論を許さない社会ができあがっていくのは想像するだけでも恐ろしいことです。

こういった戦前の悪夢を否定するところに、今の私たちの憲法があるはずです。ここで軍隊を持ち、戦争する国になることは、またそうした暗黒の時代に逆戻りする危険を意味します。

かつて戦前、戦中の法体系には、軍事機密を保護する目的の「軍機保護法」や政治的な機密を保護する「国防保安法」がありました。

太平洋戦争開戦の朝、軍機保護法違反で検挙されたのが北大生の宮澤弘幸です。宮澤・レーン事件と言われていますが、旅行先の見聞を英語講師のハロルド・レーン、ポーリン・レーン夫妻に話したことが軍機保護法違反とされ、懲役一五年の刑を受けて網走刑務所に送られました。敗戦で釈放されましたが、肺結核となって二七歳で亡くなりました。

これが二〇一三年、「特定秘密保護法」となって蘇ったといっていいでしょう。そして二〇一五年、戦争法に代わるものとして「安全保障関連法」が、治安維持法に代わるものとして「共謀罪」が成立しました。共謀罪法案は、「現代の治安維持法」と呼ぶことの出来る強い濫用の危険性が潜在しているといわれています。

その治安維持法が猛威をふるったのは、一九二八年（昭和三年）です。共産党関係者が千数百人検挙され、労働農民党・日本労働組合評議会・全日本無産青年同盟に解散命令が出されました。内田博文は「今、私たちが置かれている状況は、この昭和三年に似ている。戦時体制の形成に向けて着々と下準備が進められつつあるからである」と言っています。戦争に必要な特定秘密保護法、マイナンバー、共謀罪によって、これらが本格的に適用されると社会は一変すると誰もが口にしますが、国際社会からも強い危惧が寄せられました。

内田博文著「治安維持法と共謀罪」（岩波新書）には――


特定の国の人権状況などを調査・監視・公表する国連特別報告者で、「プライバシー権」担当のジョセフ・ケナタッチ（マルタ大教授）も、二〇一七年五月十八日付で、共謀罪に関するプライバシー権と表現の自由を制約するおそれがあるとして深刻な懸念を表明する書簡を安倍首相に送付し、国連のウェブページで公表した。


ジェニファー・クレメント国際ペン会長も、二〇一七年六月五日付で次のような会長声明を発表した。

「国際ペンは、いわゆる『共謀罪』という法律を制定しようという日本政府の意図を厳しい目で注視している。同法が成立すれば、日本における表現の自由とプライバシーの権利を脅かすものとなるであろう。私たちは、日本国民の基本的な自由を深く侵害することになる立法に反対するよう、国会に強く求める」
しかし、共謀罪はこれらの国際社会からの強い危惧も無視する形で、しかも中間報告という異常な方法を用いて制定された。これについても世界は直ちに反応した。例えば英国のガーディアン紙は共謀罪が成立した日（二〇一七年六月十五日）の朝刊で直ちに報道している。

この法律を批判する人たちは、この法律が通信傍受の拡大および警察の監視権限の抑制に控えめな裁判所の姿勢と結びつくと、政府の政治に反対する草の根の運動を萎縮させる可能性があると危惧している。

かつて治安維持法違反で逮捕された人たちへの拷問はすさまじく、小林多喜二の場合、目撃者の記録に「大便がしたいというので、留置人がみんなで小林を抱えていったら、大小便のかわりに肛門からも前からも血が流れ出して便器を赤く染めた」とあります。警察は「心臓麻痺」と発表しましたが、ステッキの鞭打ちを語る腫れ上がった様相に、内出血を起こしたと見られる下半身はどす黒く、死体の解剖はどの病院でも断られ、告別式に集まった知人たちは片っ端から検挙されました。
とにかく、治安維持法は共産党の活動を封じ込めるのが目的でしたが、共産党の活動がほとんどなくなったにもかかわらず、治安維持法による検挙は続きました。それは一九四二年から四五年にかけ、細川嘉六が発表した論文がきっかけに起きた言論弾圧事件です。この事件では中央公論や改造社をはじめ、岩波書店、朝日新聞などに所属する関係者約六〇名が治安維持法違反の容疑で逮捕され、約三〇名が起訴されました。激しい拷問で四名が獄死しています。この事件が「横浜事件」と呼ばれるようになったのは、神奈川県警察の管轄事件であったからです。六〇余名のなかの一人、朝日新聞の記者であった酒井寅吉は、東京本社の宿直室から警察に連行されています。

「国賊の貴様なんか今すぐ殺してもいいんだ」

警察署に着くとすぐ、特高刑事5、6人に靴で全身を蹴られた。身に覚えのないまま「申し訳ありませんでした。一切を自白いたします」という文書に押印する。

拷問は3カ月間、毎日、続いた。まきの上に裸で正座させられ、ひざを竹刀で打たれた。入浴は一年間、許されなかった。

敗戦にあわてた裁判所は、執行猶予つきの有罪判決を乱発した。酒井も釈放となる。しかし、いったん暴力に屈した自分を許せず、朝日に戻ることはなかった。

横浜事件は、中央公論と改造社を解散に追い込んだ。

朝日は残り、酒井は去った。

との記述は、朝日新聞『新聞と戦争』取材班「新聞と戦争」(朝日新聞出版)です。全員釈放されたのは戦後です。二度の再審請求にたいして、横浜地方裁判所は「当時の訴訟記載が存在していない」などの理由で棄却しましたが、第三次再審請求にたいして、罪の有無を判断せず、裁判を打ち切る免訴判決を下しました。
こうした戦前の悪法を蘇らせたのが、強行採決された特定秘密保護法であり、共謀罪なのです。

なんとなく戦前のような空気になってきた、という言葉はよく聞くようになったが国の管理が進み、表現が不自由になり、軍機保護法の再来である特定秘密保護法が報道や市民活動を規制し、共謀罪(テロ等準備罪)が監視社会を作る。私たちは始末の悪い国民から、今まさに始末のつく状態に変えられつつある。もはや戦争をする国まであと一歩なのだ。

と、三上知恵は「証言 沖縄スパイ戦史」(集英社新書)に書いています。瀬戸内寂聴も、堀江貴文と対談している「生とは、死とは」(角川新書)で、「なんかね、今の時代の空気が戦前と同じ臭いなんですよ、本当に似てるんだもの」と言っています。「なんとなく戦前のような空気になってきた」と思うのは、日本人だけではないようです。丹羽宇一郎著「戦争の大問題」（東洋経済新報社）には――

私のところには欧米の記者がよく質問に来る。日本は、本当に先の大戦を反省しておらず、チャンスがあれば再びアジアの覇権国家を目指すのではないかと彼らは見ているのだ。日本のメディアの反中、嫌韓報道を見ていれば外国記者がそう思うのも無理からぬことだ。

日本社会は戦前回帰していると見ているのは、何も外国メディアだけではない。「95歳になって、こういう日本の姿を見るとは嘆かわしい。現代の日本社会の様子は戦前の日本に似ている。自国を賛美する歴史修正主義的な風潮は危険だ」

これは先述の元海軍特攻隊員の岩井忠熊さんの言葉だ。戦争体験者で、いまの日本社会は戦前に似ていると言う人は多い。

秘密保護法は、国にとって都合の悪い文書を秘密指定すれば、事実を合法的に闇のなかに隠しておくことが出来ます。どの情報が「秘密」に指定されたのかも秘密なのですから、その立場の人たちの口は重くなります。秘密の有効期間は最長で六〇年間、つまり六〇年間、情報を隠せるということです。秘密を漏らした場合の罰則は、五年の懲役となり、最長一〇年間の懲役刑に処される法律なのです。

野坂昭如著「シャボン玉日本」（毎日新聞社）には――

日本の秘密は今ある法律で十分守れる。現在の法律で防げ、防げないものはいかなる法律をもってしても防げない。ぼくは秘密保護法の成立により、戦時中の日本に戻ると思っている。大袈裟なわけじゃない。かつて大日本帝国の人民として、みなそれぞれ懸命に生きていたにしろ、大本営のいうまま、お国のため命を捧げる覚悟。誰も不思議に思わなかった。

かつての日本、国民が知らないうちに戦争へと突っ込んでいった。秘密保護法は治安維持法の再現である。たかが一つの法律とあなどるな。大したことないと思ううちにっちもさっちもいかなくなる。秘密主義が進み闇はより深くなる。文化の後退必至。このお上の暴挙暴走は大日本帝国の二重写し。

――平岡秀夫・海渡雄一共著「新共謀罪の秘密　危険な平成の治安維持法」（緑風出版）には

共謀罪創設の本質は、我が国刑事法の基本原則を通じて確保されてきた我々の基本的人権を危うくするとともに、盗聴、密告、自白尊重による捜査方法を通じて我々の社会を監視型社会へと変え、息苦しく、暗い社会をもたらすものなのである。

我々が目指す社会は、決して、権力から監視されたり、お互いに監視しあう社会ではないはずだ。戦前の「治安維持法」によって監視されていた社会に決して戻してはいけないのだ。

鎌田慧著「反逆老人は死なず」（岩波書店）には――

秘密保護法、周辺事態法、集団的自衛権容認など、あたかも戦前の治安維持法の亡霊が彷徨っているような、戦争に傾斜するグロテスクな時代を招くに至ったのは、われわれ老人が、平和の恩恵のなかに安閑と暮らしてきたからだ。

二〇一七年六月に強行採決されたテロ等準備罪法案では、仲間の誰かが何かをしていれば、「一網打尽」にできる。そのためには誰かの供述があればいい。すでに「司法取引」制度が導入され、捜査に迎合して罪を仲間になすりつければ、罪を軽くしてもらえる。非道の体制、密告の推奨である。

半藤一利と保阪正康の対談「憲法を百年いかす」（筑摩書房）で、半藤一利は――

共謀罪の怖さについてメディアの人はあんまり気がついていないのですけれどね、わたしに言わせると、言論の自由がこれによってそうとう危なくなる。わたし、アタマにきたもんだから二七七項目、全部読んだんですよ。しかも丁寧にね。「保安林の木やキノコやタケノコを採って売れば、テロ組織の資金源になるから、これは共謀罪の対象になる」などと金田勝利法務大臣（当時）が答えてちょっとした騒ぎになりましたが、わたしに言わせりゃ、あんなものはどうでもいい。わたしが非常に問題だと思っているのはこういうケースです。たとえば、沖縄の辺野古基地で反対住民の会合があったとします。その場に新聞記者が足を運んで取材する場合、これはへたすると共謀になるんですよ。

つまり、取材に名を借りて反対闘争に知恵を授けていると、個人撃破という手法。言論の自由を取り締まるときは、この個人撃破がいちばん有効だと言われています。

ここ数年の政治を振り返ると、特定秘密保護法の成立、マイナンバー制度の導入、「一億総活躍社会」という政治コピー、そして今国会で議論されている共謀罪の新設と、まるで戦前・戦中の歴史をなぞるかのように名前を変え、形を変えた支配制度が再び私たちの背後に忍び寄っているように思えます。こうした中、安保法制関連法案は、あれほど憲法違反だという指摘を受けながら、審議も尽くされず、数の横暴による「多数決」により成立させられたのです。安保法制の成立は、ここ数年の悪循環を加速させるもの、あるいは質的な転換と言っていいほどの急激な社会の歪みをもたらすものと考えます。

と、元NHK記者飯田能生は、安保法制違憲訴訟の会編「私たちは戦争を許さない　安保法制の憲法違反を訴える」（岩波書店）のなかで、記しています。

弁護士の吉岡康祐は――

昔の自民党の首相経験者には、現憲法、特に九条に敬意を払って政治を行った方もおられ、九条は改正されず戦争に巻き込まれることはありませんでした。しかし、安倍内閣の政治家には、憲法及び九条に対する畏敬の念が全く感じられません。第一次安倍政権以降、防衛庁から防衛省への昇格、教育基本法改悪、国民投票法の制定、内閣法制局長官に集団的自衛権容認派の小松一郎氏の就任、特定秘密保護法の制定、報道機関に対する干渉、武器輸出禁止の緩和、自民党改正憲法草案に流れている前近代的思想、何よりも、現憲法はアメリカに押し付けられたみっともない憲法なので改正すべきとする安倍首相の憲法軽視、憲法九十九条違反発言等、このままゆくと、一部の支配者層の極めて不当な憲法観の下で、日本は確実に危険な方向に向かってゆきます。

村山治著「安倍・菅政権vs検察庁　暗闘のクロニクル」（文芸春秋）には――

検察は戦後のどさくさ時代こそ、財務省（旧大蔵省）に摘発のメスを入れたこともあったが、自民党の一党支配が完成し、日本経済が右肩上がりの成長軌道に乗ってからは、政治家の財務行政への過剰介入や地下経済の侵食に目を光らせ「大蔵（財務）支配体制」を支える事実上の用心棒となった。

と。山崎行太郎も「警察や検察は動こうとしません。司法権力が完全に安倍政権に取り込まれてしまっているという印象です」と、適菜収との対談「エセ保守が日本を滅ぼす」（K&Kプレス）で語っています。共謀罪については――

山崎　安倍政権は共謀罪についても、批判が強かったため、「テロ等準備罪」に呼び方を変えて批判をかわそうとしました。

適菜　あれもおかしな話です。安倍は共謀罪は国際組織犯罪防止条約の締結のために必要であり、それができなければ東京オリンピック・パラリンピックを開くことができないと言っていました。でも、オリンピックを招致する際には日本は安全だと言っていたんですよ。共謀罪がなければオリンピックができないというなら、オリンピックなんてやめればいい。

山崎　堂々と嘘をつけば嘘つきも許されるような雰囲気ですね。

適菜　安倍は大阪の橋下徹から学んでいる部分があると思います。橋下は確信犯的に嘘ついているので、「それは嘘だ」と指摘されても、痛くもかゆくもないんです。最初から嘘だとわかってやっているわけですからね。

一方、岸田首相は堂々と「敵基地攻撃能力も含め、あらゆる選択肢を排除せず現実的に検討し」と演説したのです。さらに「スピード」を上げて、憲法に基づく国是、専守防衛の縛りを解こうというのでしょうか。

陸上イージスの導入を決めたのは、二〇一七年のことです。「敵基地攻撃能力」は、そのイージス艦からトマホークを打ち込もうというのでしょうか。「秘密保護法」「安全保障関連法」「共謀罪」そして、「安保3文書」によって、戦闘態勢の総仕上げといっていいでしょう。

第四章　憲法九条を世界遺産に

「この憲法を世界遺産にするということは、僕はけっこう本気で考えているんです」と言ったのは、太田光です。太田光と中沢新一が対談している「憲法九条を世界遺産に」（集英社新書）のなかで――

中沢　「憲法九条を世界遺産にしよう」という太田君の表現を聞いたとき、これはさすがお笑い芸人だと思いましたね。この表現自体がもはや芸術でしょう。ピカソのゲルニカぐらい？　ちょっと褒めすぎか（笑い）。とってもユニークな提案だし僕も大賛成です。太田君が「憲法九条を世界遺産に」と言ったその感覚をもっと深めて話し合ってみると、相当すごいことがわかってくるんじゃないかという気がします。

太田さんはどんなシチュエーションで、「憲法九条を世界遺産に」というすばらしい発想を思いついたんですか。

太田　最初は、ジョン・ダワーの「敗北を抱きしめて」（岩波書店）を読んだときですね。この本で、日本国憲法ができたときの詳しい状況を知って、ああ、この憲法はちょっとやそっとでは起こりえない偶然が重なって生まれたのだなと思ったんです。まさに突然変異だと。

僕は、日本国憲法の誕生というのは、あの血塗られた時代に人類が行った一つの奇跡だと思っているんです。この憲法は、アメリカによって押しつけられたもので、日本人自身のものでないというけれど、僕はそう思わない。この憲法は、敗戦後の日本人が自ら選んだ思想であり、生き方なんだと思います。

改憲すべきだと言う人が、自分の国の憲法は自分の国で作るべきだと、よく言います。でも僕は、日本人だけで作ったものでないからこそ価値があると思う。あのときやってきたアメリカのＧＨＱと、あのときの日本の合作だから価値があると。

太田光は、今の憲法を変えることは「世界遺産に落書きするようなものだ」と。宝田明は「憲法九条は世界の宝だ」と、言っています。

軍隊を一切持たないことを宣言したのは、先進国では日本ぐらいのものです。これはある意味で非常識かもしれません。しかし、非常識を百も承知の上で、あえてこうした規定を置いたのでしょうか。伊藤真著「やっぱり九条が戦争を止めていた」（毎日新聞社）には――

なぜ、戦争と軍隊を放棄する国が世界中で日本以外に現れないのでしょうか。それは、実現が大変困難だからです。軍事力によらずに自分の国を守り、軍事力によらずに国際貢献に徹することなど、やりたくてもそうそうはできません。

日本でこのような非常識を実現できたのは、太平洋戦争という犠牲があってのことでした。その犠牲を省みて、軍事力では国民を守ることはできないと、日本は六〇年前に気がついたのです。軍隊を持つことは、攻撃の口実を与えてしまうから、かえって危険だと考えたのです。

山本有三の、「裸より強いものはないのである。なまじ武力など持っておれば、痛くもない腹をさぐられる」と言ったことを実証したのが、一九九三年四月一四日にカンボジアで起こった事件です。その事件とは、ＰＫＯとして派遣されていた平林新一は、会議に出席するため一人、車で現場に向かっていました。その途中、ポル・ポト派に襲われたのです。

心臓の鼓動は早鐘を打ち、足は小刻みに震えていた。自動小銃を突きつけられた平林は財布、時計、ライターを奪われ、乗っていた車も強奪された。兵士たちは現場から立ち去った。

平林は両手を上げたまま、微動だにできず、路上で立ちすくむしかなかった。車のエンジン音が遠ざかり、ようやく大丈夫かと思い、恐る恐る後ろを振り向いた。

「助かった」全身から滝のように汗が流れ落ちるのがわかった。

そのとき平林はこう感じたという。武器を携帯しない文民警察官だからこそ、もしかしたら命拾いできたのではないか、と。

旗手啓介著「告白　あるＰＫＯ隊員の死・23年目の真実」（講談社）からの抜粋です。しかし、一カ月後にコンボイ（車列）が襲撃され、高田晴行が殺されました。

「仙台へ八木隊員を見舞ったとき、彼から五月四日の事件で、亡くなった高田と八木の車に同乗していたオランダ海兵隊の地区司令官（高田・八木の車にクーラーが付いていたから同乗したとの話も聞いた）が、襲撃を受けた直後、反撃のために二発発砲したという新たな事実を知らされた。

その後、ポル・ポト派の兵士二名が車に近づき、うち一名が運転席の高田に車から降りるように指示、『ギブアップ、ギブアップ』と叫ぶ高田に、一メートルの至近距離から一発、銃弾を撃ち込んだとのことだった。（中略）

オランダの司令官が発砲したことにより、高田の運転していた車両に誰かが武器を所持していたことが相手にわかっていたのであり、彼の発砲に対する報復が高田の死に直接結びついたのではないかと、悔しさと哀しみが新たに湧いてきている」（山崎隊長

総括報告)

本書を市田隆は、〈――高田さんの殺害はポル・ポト派の犯行の疑いが強いが「いまなお『犯人』は特定されていない」し、事件後の究明・検証もなかった。本書の「これまでのメディアの無為を恥じた」との言葉は私にも重く響いた。日本の悲願だった人的な国際貢献という旗印のもとに現場隊員が苦しみ、犠牲者まで出した。今後、安保法制が新たな旗印になる場合、この事実を無視して先に進むことはできないだろう。それを世に知らしめた、意義ある一冊だ〉と評しています。

中村哲、澤地久枝との対談「人は愛するに足り、真心は信ずるに足る　アフガンとの約束」(岩波書店)には、二〇〇一年一〇月一三日、中村哲が衆議院のテロ対策特別措置法案審議に、七人の参考人のなかの一人として出席したときの発言が記録されています。

自衛隊派遣が取り沙汰されているようだが、当地の事情を考えると有害無益である。「私たちが必死で――笑っている方もおられますけれども、私たちが必死でとどめておる数十万の人々、これを本当に守ってくれるのは誰か。私たちが十数年かけて営々と築いてきた日本に対する信頼感が、現実を基盤にしないディスカッションによって、軍事的プレゼンスによって一挙に崩れ去るということはあり得るわけでございます」

語られている重い内容が理解できず、理解する気もなく笑った国会議員がいるばかりか、自民党の亀井善之委員は「自衛隊の派遣が有害無益でなんの役にも立たない」という発言の取り消しを求めたことが記されています。

後日、中村哲は「二〇〇一年に衆議院で話して、ほんとうにこの人たちは、日本の行く末をあずけられる政治家だろうかと、目を疑いましたね。戦争といってもこれは殺人行為ですよ。対米協調だとか、国際社会の協力だとか、そんなきれいな、オブラートに包んだような言葉を使っても、協力するということは、殺人幇助罪です。そのことが、ちっとも考えられていない。自分がやられたら大騒ぎして、相手の命は何万人死のうと知ったこっちゃないという、そういう無神経さ。それを感じましたね」と。

高遠菜穂子は「自衛隊のイラク派遣は、日本人が思っている以上に深刻な日本の転換期だったのだと感じます」と言い、著書『命に国境はない　紛争地イラクで考える戦争と平和』（岩波ブックレット）には——

日本の自衛隊派遣は、四〇カ国以上が参加する多国籍軍の中で最も注目されました。中東諸国では、日本は「平和ブランド」で知られていました。特にイラクでは一九七〇年後半から八〇年代まで、いくつもの日本企業が進出していて、日本人が現場の人々とともに汗を流してイラク中の病院や大学などの建物を造ってきたことがより一層、親日家を増やしていました。ところが、自衛隊のイラク派遣は、そうした「平和ブランド」

のイメージを全面的に覆すインパクトを持っていたのです。

二〇〇四年一月、オランダ軍に護衛されて、クウェートからイラク入りした武装姿の日本人は、イラク人の目を釘付けにしました。いや、中東諸国、イスラム社会全体に衝撃を与えたと言っても過言ではないでしょう。日本に対する「美しき誤解」は正されました。そしてイラクの友は私にこう言いました。「日本がアメリカ追従の国だということがよくわかったよ」

〈おそらく本当の理由は、アメリカへの貢献です〉と書いているのは、伊勢崎賢治著「国際貢献のウソ」（ちくまプリマー新書）です。

イラク南部サマーワに派遣された自衛隊は、日本国内政局でスッタモンダのすえ、特別措置法でしか法的根拠をつくれませんでした（だって違憲行為ですから）。そのままでは、国民に対してイメージが悪い。そこで、ＯＤＡ支援をくっつけることで、自衛隊派遣という武力行使の「民生性」を演出したわけです。なぜ、日本人の自衛隊海外派遣へのアレルギーをなくして自衛隊派遣の実績を積み上げたいのか。おそらく、その先に見据えるのは、アメリカとの集団的自衛権の行使の解禁です。同時に、ＯＤＡ支援は、当時、予想外の戦費で財政が破綻をきたしていたアメリカの占領費用に多大な貢献をすることにもなる。融資を急ぐ理由は、こうしたアメリカへの支援にあったとしか考えられません。

イラク入りした自衛隊は、オランダ軍の基地近くに宿営しました。もし自衛隊に対して武装勢力の攻撃があった場合、それを撃退するのはオランダ軍の任務でした。つまり、オランダ軍に守ってもらう形になっていたのです。勿論、自衛隊員も自らの安全を守るため銃を撃つことはできるのですが、先制攻撃はできません。ということは、自衛隊が攻撃されたらオランダ軍が助けてくれますが、オランダ軍が攻撃されても、自衛隊は助けにいけないのです。

イラクにいる自衛隊は、二重の危険にさらされていたのです。武力勢力から攻撃される危険と、日本の国際的信用を失墜させる危険です。

自衛隊を「軍隊ではない」と言い続ける一方で、国際貢献はしなければと考えた挙句が、こんな状態になってしまったのです。

と書いているのは、「池上彰の憲法入門」（ちくまプリマー新書）です。

豊下楢彦・古関彰一著「集団的自衛権と安全保障」（岩波新書）には――

自衛隊がサマワに赴くと、オランダ軍などが「治安維持」にあたらねばならない地域であることが明らかになった。駐留した二年半の間に、二二発のロケット弾が基地に向けて発射されたが、本格攻撃があれば、イラク特措法の前提からして、自衛隊が撤退すべき状況であった。ところが自衛隊は、本来の任務であるはずの人道復興支援活動を〝独断〟で越えて、二万四〇〇〇人近い米兵の輸送活動さえ行っていたのである。だからこそ二〇〇八年四月に名古屋高等裁判所は、こうした自衛隊の活動を、イラク特措法違反であるばかりでなく憲法九条一項に違反する、との判決を下したのである。

ふり返って、イラク戦争が米国が主導した不正義の戦争であれば、事実上米軍の活動の一翼を担うということは、いわゆるテロリストばかりでなく、イラク現地の人々からすれば、自衛隊が米軍と「一体」と看做されることになるのである。現に、次に述べるように、イラク戦争を総括したオランダはこの戦争を「国際法違反」と断定したが、これを踏まえるならば議論の立て方は全く異なってくるのである。

中東の人々から日本は敵と思われ、二〇〇四年四月、高遠菜穂子は二人の男性日本人とともに、地元の武装勢力に拘束されます。しかし、九日目に解放されました。

彼女は、地元の部族からなる抵抗勢力系武装勢力だったからだろうと推測していますが、「私自身がファルージャに密着して仕事をしていたことも信用してもらえた理由かもしれません」と語っています。

ところが、解放されて帰国した彼女は、「自己責任」という激しいバッシングに見舞われます。曽野綾子は「救出に要した費用を国庫に返せ」と難じ、外務省の竹内行夫外務次官（当時）は「自己責任の原則をあらためて考えてほしい」と発言しました。そして「自己責任」は、その年の流行語になったほど社会に浸透しました。

当時、人質になり解放された高遠さんに対するメディアのバッシングも悔しかった。全然事実が捻じ曲げられちゃっている。この話はどこから来たんだろう。違法な戦争があって、それに日本が加担している。すべてはそこから始まっているはずなのに、何で自己責任とか変な話になっているんだろう。そのことに怒りは止まらなかった。「イラク戦争を知らない君たちへ　イラク戦争の検証を求めるネットワーク編」（あけび書房）に伊藤和子が書いています。

太田光は、「あのとき、自己責任という言葉がわーっと吹き荒れて、人質の家族の、自分の子供の命を救って欲しいという願いですら、口に出せなくなってしまった。国ではなく、国民が率先して、人質になった人や家族をバッシングしましたよね。そんな空気に違和感を抱いている人も、下手なこと言うと、自分もバッシングを受けるんじゃないかと黙ってしまった。あの空気は、ある一方向にワーと流れていく戦前の雰囲気にすごく似ているんじゃないかと思いました。素直に自分が思っていることを表現すると、世の中から抹殺されることになりかねない。その意味ではかなり怖い状況になっていると思う」と、さらに「実際に香田君が殺されたときも、自己責任だったと、国も言うし、国民も言った。自分の国は自分で守りましょうと言っている人たちが、自分たちの国民が殺されて、文句一つ言わないなんて、何が国防なのかと思います。そんな人たちが軍隊を持っても、戦争なんてできないと僕は思うんですよ」と、中沢新一との対談「憲法九条を世界遺産に」のなかで語っています。

三人が拘束されてから半年後の一〇月、日本人青年が武装勢力に拘束される事件が起きました。武装勢力は、イラクのサマワに派遣されていた自衛隊の撤退を要求する犯行声明を発表しましたが、当時の小泉純一郎首相は「テロには屈しない」と主張し、要求を拒否しました。結果的には、日本人青年は首を切られて殺害されます。その遺体は路上で見つかるのですが、遺体は星条旗にくるまれていたそうです。即ち、犯行グループは日本人をアメリカの一部として処刑したのです。

二〇一五年には、後藤健二と湯川遥菜がＩＳに捕まり殺されました。二〇一六年七月一日にバングラデシュの首都ダッカで、武装集団によるレストラン襲撃事件があり、人質になって銃を突きつけられた一人の日本人が「アイ　アム　ジャパニーズ」と言ったところ、殺されてしまいました。世界最強と言われた日本のパスポートは、通用しなくなったのです。

二〇一八年、フリーランスの安田純平氏が内戦のシリアに潜入して行方不明となり人質として捕らわれていたが、無事に救出された。身代金の支払い問題や救出にあたり日本政府に迷惑をかけたとして、世論のバッシングが起こり、「自己責任論」が横行して謝罪を迫られた。安田氏は日本外国特派員協会で記者会見したとき、「なぜ謝罪する必要があったのか」という外国人記者の質問を受け、「私の行動にミスがあったのは間違いないのでおわびを申し上げたい」と答えざるを得なかった。

これに対して、パリに本拠を置く「国境なき記者団」は「『紛争下にある国々の現場にジャーナリストがいなくては、世論は偏った情報に頼らなくてはいけなくなる』とし、『（安田さんが）謝罪を強いられたことは受け入れがたい』とするコメントを出した」（朝日新聞デジタル版、二〇一八年一一月九日、二〇時四〇分確認）。

さらに、〈「自己責任」という世論のバッシングが強いのが日本の特徴だ〉と、柴山哲也著「いま、解読する戦後ジャーナリズム秘史」（ミネルヴァ書房）に書かれています。かつての大本営は、偏った情報しか流しませんでした。戦前の空気が漂ってきているといわれるのは、大袈裟ではありません。

安保法制違憲訴訟の会編「私たちは戦争を許さない　安保法制の憲法違反を訴える」（岩波書店）で志葉玲は――

私は、いわゆる戦場ジャーナリストです。二〇〇二年から紛争地域で取材を行って来ました。自衛隊がイラクに派遣された時ですら、私は取材中、銃を持った若者たちに取り囲まれ、「お前は日本から来たのか？　日本は米国の犬だ！」「自衛隊をイラクに送った日本は、我々の敵だ！」と激しくなじられました。イラク人助手が何とかなだめてくれ、拘束や殺されずにすみました。
しかし、同時期に取材していたジャーナリストの橋田信介さんと小川功太郎さんは二〇〇四年五月末、武装勢力に襲撃され、殺されてしまいました。生き残ったイラク人運転手によれば、武装勢力は橋田さんの顔を確認して攻撃してきた、というのです。

我々ジャーナリストは、日本の人々の、憲法で保障された「知る権利」のために奉仕する存在です。紛争地取材を行う日本人ジャーナリストは減り続けています。この上、安保法制による身のリスクの増大が、紛争地の現場に入ることすら躊躇せざるを得なくなり、日本人戦場ジャーナリストを絶滅に追いやるのではないか、そう危惧せざるを得ません。それは、我々、ジャーナリストたちの危機というだけでなく、日本の人々の「知る権利」の危機でもあります。

宗教家・安海和宣は――

平和憲法の力は海外の方がより強く感じられます。日本のパスポートは世界最強と言われ、日本人は数国を除いて世界中の国々を行き来することができます。それを受けて現在一三一万人（二〇一五年外務省発表による）の在留邦人が世界中で活躍しています。私どもの教会は、海外の宣教師を派遣していますが、安保法制により日米両国が一体となって軍事活動をすると世界から見られることは、宣教師の命と宣教を危険に曝すリスクを格段に高めています。犠牲者が出てからでは遅いのです。どんなに科学が発達しても、命を生み出すことは神様のわざによってしかできません。

「憲法を守れ」と、文化人、芸能人、学者など様々な分野の人たちが声をあげています。高橋哲哉・斎藤貴男編著「憲法を変えて戦争へ行こう　という世の中にしないための18人の発言」（岩波ブックレット）の18人とは、井筒和幸、井上ひさし、香山リカ、姜尚中、木村裕一、黒柳徹子、猿谷要、品川正治、辛酸なめ子、田島征三、中村哲、半藤一利、ピーコ、松本侑子、美輪明宏、森永卓郎、吉永小百合、渡辺えり子です。

吉永小百合「今、日本は世界有数の軍事費を使い、戦争への道を進もうとしています。私たちがしっかり考えて行動しなければ、大変なことになる。仕事仲間とも友達とも話し合って、みんなで声を出したいと思います。武器ではなく、憲法9条こそが私たちを守ってくれます」

森永卓郎「私は憲法9条を、世界で最も美しい法律の条文の一つと思っています。知り合いのイラク人がイラクの新憲法をつくるとき一番手本にしたいと言っていたのが日本の憲法9条です。フセインが軍隊をもって侵略し、あちこちの国に迷惑をかけた。その反省の上に立って新憲法をつくるべく世界のいろいろな法律を見たけれど、日本の憲法が一番よくできていると。それをなぜ壊そうとしているのかと聞かれ、答えようがなかったのです」

渡辺えり子「戦後六〇年経ったいまでも、東京大空襲で亡くなってどこに埋められたかわからない人たちがいる、悲しくて毎日眠れない人がいる——まだ一つの戦争の傷口がふさがっていない時に、憲法を「改正」して軍隊をつくり、次の戦争を起こそうという人たちがいる。私はそういう人に訊きたいんですよ。どうして人を殺していいんだと思えるのかって、人を殺していいということは自分も殺されていいし、自分の子どもや親も殺されていいということです。そう思う人だけが「改正」に賛成すべきですよ」

渡辺えり子は、「まだ一つの戦争の傷口がふさがっていない時に——」と言っていますが、自民党は日本を戦争のできる国にしようとしています。それは、すでに述べてきました秘密保護法や共謀罪、それに加えて日本学術会議問題でみられる、露骨な言論操作による戦時体制の構築です。

これまでにも書きましたが、麻生太郎はワイマール憲法がナチス憲法に変わったことを学んで、「誰も気づかないで変わった。あの手口を学んだらどうかね」と言いました。誰も気づかないうちに「茶色（ナチス）だけ」になってしまった寓話があります。それは、フランク・パヴロフ著、ヴィンセント・ギャロ絵「茶色の朝」高橋哲哉・メッセージ、藤本一勇訳（大月書店）です。

お話は、語り手の「俺」とその友人シャルリーによって進められます。犬も猫も茶色しか飼ってはいけない。新聞は「茶色新聞」一紙。書籍は全部、強制撤去。「俺」もシャルリーも、街の流れに逆らわなければ、安心が得られた。茶色に守られた安心、それも悪くないと。だが、茶色じゃない犬を飼っていても犯罪。「茶色ラジオ」がそのニュースを流した。アナウンサーは「国家反逆罪」とまで言った。シャルリーがいなくなる。どこへ連れて行かれたかわからない。これは明らかにやりすぎだ。狂ってる――。

高橋哲哉は、この「茶色の朝」に寄せて――

「茶色の朝」は、私たちのだれもがもっている怠慢、臆病、自己保身、他者への無関心といった日常的な態度の積み重ねが、ファシズムや全体主義を成立させる重要な要因であることを、じつにみごとに描きだしてくれています。

「ファシズム」や「全体主義」という用語を厳密に適用できるかどうかは別としても、現代日本社会には、それらにつながる排外主義、差別主義、国家主義への強い傾向が、確実に存在します。つまり、ものごとを「茶色」に染めていく傾向が存在するわけです。

「茶色の朝」を迎えたくなければ、まず最初に私たちがなすべきこと——それはなにかと問われれば、思考停止をやめることだと私なら答えます。なぜなら、私たち「ふつうの人びと」にとっての最大の問題は、これまで見てきたとおり、社会のなかにファシズムや全体主義につうじる現象が現われたとき、それらに驚きや疑問や違和感を感じながらも、さまざまな理由から、それらをやり過ごしてしまうことにあるからです。

もし、主人公の「俺」が日本に住んでいたとしたら、同じことを言うと思いました。「最初の特別措置法を課してきやがったときから、警戒すべきだったんだ。嫌だというべきだったんだ。でも、どうやって？　強行採決、政府の動きはすばやかった。でも、俺には仕事があるし、毎日やらなきゃならないこまごましたことも多い。他の人だって、ごたごたは御免だから、おとなしくしているんじゃないか？」

小林節は、樋口陽一との対談「『憲法改正』の真実」（集英社新書）で、「麻生太郎財務相の『ナチスの手口』発言を今一度、思い出しましょう。そして我々は、この先一つひとつの選挙を大切に闘っていかねばならない」と言っています。そして——

小林　この対談もいよいよまとめに入ります。ここで、この対談の冒頭に申し上げたことを繰り返させて下さい。

安保法案という名の戦争法案が成立してからというもの、政府が憲法を反故にするという異常な状態にこの国は突入しています。憲法によって縛れるはずの権力者が、憲法に違反する立法を行い、その後も、憲法をいいように解釈したり、無視するような政治をつづけている。まさに憲法停止状態です。

憲法を無視するということは、権力者が専制的に国民を支配する前兆です。このような権力者に対しては、護憲派も改憲派もその違いを乗り越えてともに立ち上がり、私たちの憲法を取り戻さなくてはなりません。

現在は幸いまだ「投票箱」が機能しています。反故にされた憲法を奪還するためのこの闘いにおいては、言葉という武器が有効です。

その言葉を用意するのが、この局面での憲法学者の使命でしょう。樋口先生とのこの論戦も、そうした使命を果たすためにはじまりました。

樋口　どの分野の専門家でも、世間に大きな影響を与える発言には慎重になるものです。しかしながら、人々の運命、ましてや国家の運命を左右するようなときには「危ない道だよ」と示すのが専門家の義務です。その機能を果たすべきときが、やってきたと私も考えています。

私も、それぞれの方の言葉を繰り返させて貰います。

「九条の部分を読み終わると、全員が泣きだした。戦争放棄をうたい、陸海空軍は持たない、国の交戦権はこれを認めない。こんなこと憲法に書けるだろうか、よく書いてくれた。これだったら亡くなった戦友もうかばれる——私は、読みながら突き上げるような感動に震えた」品川正治。

「戦争のできる国へと変わりつつある現実のなか、いま日本で何が起きているのか。この数年、取材を通じて私が捉えたものは、着々と進行する『派兵』と『動員』のシステムづくり、『銃後の社会』づくり、すなわち『戦争協力』に向けての圧力である」吉田敏浩。

「核戦争の時代は、今度こそ本当に『一億玉砕』が待っている。だから私はさっさとタオルを投げてリングからトンズラしよう、と呼びかけているのだ。これが本当のリアリズムなのである」中山治。

「戦争とは、互いに殴り合い、相手を絞め殺し、虐殺することだ！　そして、これほど膨大な知識を蓄え、高度な発展段階に到達したと思われる文化を持つ今日、私たち学校では十分に距離を置いた所から一度に大量の人を殺す方法を教えている。不思議なのは、国民がそれに対抗して立ち上がらないことだ。社会全体が、戦争というたった一言に立ち向かわないことだ」ベルタ・フォン・ズットナー。

「悔しいのは、終戦になって、民間人のぼくたちは、軍隊が守ってくれるどころか置き去りにされたことですよ。最初に逃げたのは軍隊だった」赤塚不二夫。

「まず多くの人が誤解していると思うのは、自衛隊は『国民を守るもの』と考えていることです。能天気なそんなことを言っていられるのは、自衛隊について何も知らないからですよ。軍隊というのは、そんな甘いものじゃないんです」伊藤千尋。

「そもそも集団的自衛権とは、自国が攻撃されていない場合に他国を守るための根拠であるから、これを行使しなければ日本を守れないという『具体例』を考え出すこと自体に無理がある」柳澤協二。

「改憲すべきだと言う人が、自分の国の憲法は自分の国で作るべきだと、よく言います。でも僕は、日本人だけで作ったものでないからこそ価値があると思う」太田光。

「闘う武器があるあいだに喰い止めなければならない。『ルビコンの川』を渡ってからでは遅い。渡るまえに食いとめなければならない。闘うために必要な武器は日本国憲法が用意してくれている」内田博文。

日野原重明は、他界されましたが、言葉は残っています。

「大変な犠牲を出して、日本は戦争に負けました。全面的な降伏です。一つよかったことは、軍隊をなくす憲法ができたことです。日本国憲法は最高です」

あとがき

戦争は「破壊」と「殺戮」です。本書では、戦争ほど「悲惨」なものはないので、決してやるべきではないと書いてきました。その決してやるべきでない戦争に「敵基地攻撃能力」を口にしてふみ込もうとしています。

かつて日本が満州に侵攻したとき、中国は侵略行動であると国際連盟に提訴しました。国連は日本軍の撤退を42対1で可決しました。反対は日本だけで、これを機に国連を脱退してさらに日中戦争へと突き進みます。日本国内では「戦争反対」と叫ぶ人達がいました。だが、「軍機保護法」や「治安維持法」違反で捕らえられ刑務所に入れられました。こうした時代に時計の針を戻そうとしています。安倍政権のとき、「軍機保護法」と類似した「特定秘密保護法」や「治安維持法」の焼き直しといわれた「共謀罪」などを自公政権は強行採決しました。

このとき、瀬戸内寂聴氏は、「だって安倍さんが言ってること、してること見てたら、いかにも戦争をこれからしよう！　って感じじゃないですか？　憲法も変えたがっているじゃない。解釈改憲までして。ものすごく卑怯なやり方だと思いますよ。私は変えるのは反対です。憲法を変えるっていうのは、つまり戦争をしたいから変えようと思っている。第九条を変えようとしてるってことは、戦争のできる国にしようと思ってるからだ、っていうふうに私は解釈してる」と、言いました。

政権は安倍政権から菅政権、岸田政権、さらに政権は代わりましたが、胴体は変わりません。

かつてプーチンは「小さな国々は、独立と主権を守るためには、核兵器を持つ以外の方法がないと考えている」と言って、北朝鮮の核・ミサイル開発に理解を示したのです。北朝鮮は、国連総会の対ロシア非難決議で反対した五カ国のうちの一カ国です。ロシアを味方にしておけば、今後もミサイルの発射実験は自由に出来るという判断があるのでしょう。それは、日本はアメリカの言うことさえきいておけば、核共有もできるという北朝鮮のロシア追従の姿勢と何ら変わりません。

故・日野原重明氏は「本当の文化国家になろうではありませんか。アメリカに守ってもらおうと言っているうちは、本当の文化国家とはいえません」と言いました。日本を守っているのは、日本国憲法です。故・中村哲氏は「よく憲法改正が話題になりますが、私が言うのは、憲法改正の投票は、日本がアメリカ合衆国の五一番目の州になるかどうか、国民投票で決めてからにしてくれと……（笑）。でも、なかなか冗談が通じないです」と。故・宝田明氏は「核兵器の危険を感じられる今の時代ですが、そうであっても、やはり未来は若者たちのものであることは間違いありません。その若者たちが自分たちの力で自分たちの方向性、あるいは自分たちの生き様を決められるように、その礎として、われわれ戦争を体験し歳を重ねて来た人間が、戦争の愚かしさ、恐さ、罪深さを語り継ぎ『間違ってもあのような戦争を二度と起こすまい。日本は世界に冠たる憲法九条をもっている国だ』ということを、声を大にして強く発していく時ではないかと、私には思えてなりません」と。こうした言葉を眠らすことなく、多くの人に語り継いでいこうではありませんか。

戦争の「悲惨」さを後世に伝えていくのは、生き残った者の務めだと私は思っています。ロイド・ジョージは「人々が戦争の悲惨さを知ったなら、戦争は明日にでも終わってしまうだろう」と言いました。この言葉通りになることを私は願っています。

＜参考及び引用させて頂いた本＞

吉田敏浩著「ルポ　戦争協力拒否」（岩波新書）
檜山幸夫著「日清戦争　秘蔵写真が明かす事実」（講談社）
藤村道生著「日清戦争―東アジア近代史の転換点―」（岩波新書）
原田敬一著「日清・日露戦争　シリーズ日本近現代史③」（岩波新書）
渡辺惣樹著「朝鮮開国と日清戦争　アメリカはなぜ日本を支持し、朝鮮を見限ったか」（草思社）
同　「日米衝突の根源　１８５８―１９０８」（草思社）
加藤陽子著「それでも、日本人は『戦争』を選んだ」（新潮文庫）
同　「この国のかたちを見つめ直す」（毎日新聞出版）
原朗著「日清・日露戦争をどう見るか　近代日本と朝鮮・中国」（ＮＨＫ出版新書）
横手慎二著「日露戦争史　20世紀最初の大国間戦争」（中公新書）
池上彰著「池上彰の君と考える戦争のない未来」（理論社）
同　「日本は本当に戦争する国になるのか？」（ＳＢ新書）
益川敏英著「科学者は戦争で何をしたか」（集英社新書）
新井利男・藤原彰編「侵略の証言　中国における日本人戦犯自筆供述書」（岩波書店）
三好誠著「戦争プロパガンダの嘘を暴く」（展転社）
小林太郎著、笠原十九司、吉田裕編「中国戦線、ある日本人兵士の日記　１９３７年8月～１９

３９年８月　侵略と加害の日常」（新日本出版社）
伊藤桂一著「静かなノモンハン」（講談社）
半藤一利著「遠い島　ガダルカナル」（ＰＨＰ研究所）
著者　同　、加藤陽子、保阪正康〔編著〕「太平洋戦争への道　１９３１―１９４１」（ＮＨＫ出版）
日本国際政治学会「太平洋戦争への道」（朝日新聞社）
田中克彦著「ノモンハン戦争　モンゴルと満州国」（岩波新書）
川崎春彦著「日中戦争　一兵士の証言」（光文社）
毛利恒之著「ユキは十七歳特攻で死んだ　子犬よさらば、愛しきいのち」（ポプラ社）
高橋陽一著「くわしすぎる教育勅語」（太郎次郎社エディタス）
川満彰著「沖縄戦の子どもたち」（吉川弘文館）
石山久男＋『学習の友』編集部編著「戦争ってなんだ？　証言が伝えるアジア太平洋戦争」（学習の友社）
丹羽宇一郎著「戦争の大問題」（東洋経済新報社）
富永正三著「あるＢ・Ｃ級戦犯の戦後史　ほんとうの戦争責任とは何か」（水曜社）
野田正彰著「戦争と罪責」（岩波書店）
日野原重明、宝田明、澤地久枝「平和と命こそ　憲法九条は世界の宝だ」（新日本出版社）
鷹沢のり子著「バターン『死の行進』を歩く」（筑摩書房）
澤地久枝著「滄海よ眠れ（一）　ミッドウェー海戦の生と死」（文春文庫）

藤原彰著「餓死した英霊たち」（ちくま学芸文庫）
イシメール・ベア著「戦場から生きのびて　ぼくは少年兵士だった」忠平美幸訳（河出文庫）
斉藤利彦著「『誉れの子』と戦争　愛国プロパガンダと子どもたち」（中央公論新社）
無言館編「無言館の証言」（新日本出版社）
太平洋戦争研究会＝編　森山康平＝著「玉砕の戦場」（河出書房新書）
大城将保著「改訂版沖縄戦　民衆の眼でとらえる『戦争』」（高文研）
上地一史著「沖縄戦史」（時事通信社）
北村毅著「死者たちの戦後誌　沖縄戦跡をめぐる人びとの記憶」（御茶の水書房）
イアン・J・ビッカートン著「勝者なき戦争　世界戦争の二〇〇年」高田馨里訳（大月書店）
増田弘著「自衛隊の誕生　日本の再軍備とアメリカ」（中公新書）
前田哲男著「自衛隊　変容のゆくえ」（岩波新書）
安倍晋三著「美しい国へ」（文春新書）
饗庭孝典・NHK取材班「朝鮮戦争　分断三八度線の真実を追う」（日本放送出版協会）
佐道明広著「自衛隊史――防衛政策の七〇年」（ちくま新書）
高橋哲哉著「国家と犠牲」（NHKブックス）
藤原和樹著「朝鮮戦争を戦った日本人」（NHK出版）
呉連鎬著「朝鮮の虐殺　20世紀の野蛮から訣別するための現場報告」大畑龍次、大畑正訳（太田出版）
ブレイン・ハーデン著「金日成と亡命パイロット」高里ひろ訳（白水社）

デイヴィッド・ハルバースタム著「ザ・コールデスト・ウインター　朝鮮戦争（上）」山田耕介・山田侑平訳（文藝春秋）
同　「ザ・コールデスト・ウインター　朝鮮戦争（下）」（文藝春秋）
開高健著　写真秋元啓一「ベトナム戦記」（朝日新聞出版）
小松みゆき著「動きだした時計　ベトナム残留日本兵とその家族」白石昌也、古田元夫、坪井善明、栗木誠一解説（めこん）
梅林宏道著「在日米軍　変貌する日米安保体制」（岩波新書）
野添文彬著「沖縄米軍基地全史」（吉川弘文館）
コ・ギョンテ著「ベトナム戦争と韓国、そして1968」訳　平井一臣、姜信一、木村貴、山田良介（人文書院）
平井一臣著「ベ平連とその時代　身ぶりとしての政治」（有志舎）
ニック・タース著「動くものはすべて殺せ　アメリカはベトナムで何をしたか」布施由紀子訳（みすず書房）
ティム・オブライエン著「本当の戦争の話をしよう」村上春樹訳（文春文庫）
伊藤正子著「戦争記憶の政治学　韓国軍によるベトナム人戦時虐殺問題と和解への道」（平凡社）
パオ・ニン著「戦争の悲しみ」井川一久訳（めるくまーる）
伊勢崎賢治著「日本人は人を殺しに行くのか　戦場からの集団的自衛権入門」（朝日新聞出版）
同　「国際貢献のウソ」（ちくまプリマー新書）
リチャード・E・ルーベンスタイン著「殺す理由　なぜアメリカ人は戦争を選ぶのか」小沢千重子

訳（紀伊国屋書店）
高遠菜穂子著「命に国境はない　紛争地イラクで考える戦争と平和」（岩波ブックレット）
ノーム・チョムスキー著「破綻するアメリカ　壊れゆく世界」鈴木主税／浅岡政子訳（集英社）
中国人戦争被害賠償請求事件弁護団編著「中国人戦後保障裁判記録　ＪＵＳＴＩＣＥ」（高文研）
伊藤真著「やっぱり九条が戦争を止めていた」（毎日新聞社）
柳澤協二＋半田滋＋屋良朝博著「改憲と国防　混迷する安全保障のゆくえ」（旬報社）
モハメドゥ・ウルド・スラヒ著「グアンタナモ収容所地獄からの手紙」中島由華訳（河出書房新社）
トム・ヴォス、レベッカ・アン・グエン著「帰還兵の戦争が終わるとき　歩き続けたアメリカ大陸２７００マイル」木村千里訳（早思社）
デイヴィッド・フィンケル著「帰還兵はなぜ自殺するのか」古屋美登里訳（亜紀書房）
エリコ・ロウ著「本当は恐ろしいアメリカの真実　反面教師・アメリカから何を学ぶか」（講談社）
「日本の論点」編集部編「常識『日本の安全保障』」（文春新書）
高杉一郎著「征きて還りし兵の記録」（岩波現代文庫）
柳澤協二著「亡国の安保政策　安倍政権と『積極的平和主義』の罠」（岩波書店）
望月衣塑子、五百旗頭幸男「自壊するメディア」（講談社＋α新書）
同　、古賀茂明著「国難を呼ぶ男！安倍晋三　ＴＨＥ独裁者」（ＫＫベストセラーズ）
編・著高橋哲哉、斎藤貴男「憲法が変わっても戦争にならないと思っている人のための本」（日本評論社）

ツヴェタン・トドロウ著「民主主義の内なる敵」大谷尚文訳（みすず書房）
島本慈子著「戦争で死ぬ、ということ」（岩波新書）
中村江里著「戦争とトラウマ　不可視化された日本兵の戦争神経症」（吉川弘文館）
共同通信社憲法取材班「『改憲の系譜』　9条と日米同盟の現場」（新潮社）
大岡昇平著「証言その時々」（講談社）
山崎正勝著「日本の核開発：1939〜1955　原爆から原子力へ」（績文堂）
本間龍著「原発プロパガンダ」（岩波新書）
永田浩三、金平茂紀、水島宏明、五十嵐仁著「テレビはなぜおかしくなったのか」（高文研）
森達也著「すべての戦争は自衛から始まる」（講談社文庫）
安田浩一文　金井眞紀文と絵「戦争とバスタオル」（亜紀書房）
柴田鉄治著「新聞記者という仕事」（集英社新書）
蓮池透著「拉致被害者たちを見殺しにした安倍晋三と冷血な面々」（講談社）
川本裕司著「変容するＮＨＫ　『忖度』とモラル崩壊の現場」（花伝社）
林香里著「メディア不信　何が問われているか」（岩波新書）
南彰著「政治部不信　権力とメディアの関係を問い直す」（朝日新書）
森功著「総理の影　菅義偉の正体」（小学館）
毎日新聞出版「汚れた桜　『桜を見る会』疑惑に迫った49日」
村山治著「安倍・菅政権vs検察庁　暗闘のクロニクル」（文藝春秋）
人文社会系学協会連合連絡会〈編著〉「私たちは学術会議の任命拒否問題に抗議する」（論創社）

佐藤学、上野千鶴子、内田樹編「学問の自由が危ない　日本学術会議問題の深層」（晶文社）
李盛煥著「近代日本と戦争」都奇延・大久保節士共訳（光陽出版社）
伊藤桂一著「ノモンハン」（講談社）
吉田裕著「日本軍兵士―アジア太平洋戦争の現実」（中公新書）
ゼンケ・ナイツエル、ハラルド・ヴェルツァー著「兵士というもの―ドイツ兵捕虜盗聴記録に見る戦争の心理」小野寺卓也訳（みすず書房）
小川栄太郎著「一気に読める『戦争』の昭和史1937～1945」（扶桑社新書）
石井光太著「浮浪児1945～戦争が生んだ子供たち」（新潮社）
藤永茂著「ロバート・オッペンハイマー」（朝日選書）
NHKスペシャル取材班「原爆死の真実きのこ雲の下で起きていたこと」（岩波書店）
佐藤正久著「知らないと後悔する日本が侵略される日」（幻冬舎）
愛新覚羅溥傑著「溥傑自伝」（河出書房新社）
秋田辰一郎著「長崎原爆記　被爆医師の証言」（日本ブックエース）
有田芳生著「統一協会とは何か」（大月書店）
酒井総平著「硫黄島上陸　友軍ハ地下ニ在リ」（講談社）
神保太郎『世界』編集部編「メディア、お前は戦っているのか　メディア批評2008～2018」（岩波書店）
稲垣史生編「武家編年事典」（青蛙房）
マルタン・モネスティエ著「死刑全書」吉田晴美・大塚宏子訳（原書房）

リチャードG・ウィルキンソン著「格差社会の衝撃」池本幸生・片岡洋子・末原陸美訳（書籍工房早山）
鷹沢のり子著「バターン『死の行進』を歩く」（筑摩書房）
ジャック・キヴォーキアン著「死を処方する」松田和也訳（青土社）
ヴィクトール・E・フランクル著「夜と霧」池田香代子訳（みすず書房）
宮下洋一著「死刑のある国で生きる」（新潮社）
亀井静香著「死刑廃止論」（花伝社）
藤井誠二著「殺される側の論理　犯罪被害者遺族が望む『罰』と『権利』」（講談社）
山口二郎著「戦後政治の崩壊―デモクラシーはどこへゆくか―」（岩波書店）
本多巍耀著「原爆を落とした男たちマッド・サイエンティストとトルーマン大統領」（芙蓉書房出版）
ジェームズ・L・ノーラン著「原爆投下、米国人医師は何を見たかマンハッタン計画から広島・長崎まで、隠蔽された真実」藤沢町子訳（原書房）
柴山哲也著「いま、解読する戦後ジャーナリズム秘史」（ミネルヴァ書房）
佐藤愛子著「私の遺言」（新潮文庫）
永山則夫著「無知の涙」（河出書房）
堀川恵子著「死刑の基準　『永山裁判』が遺したもの」（日本評論社）
同　「原爆供養塔　忘れられた遺骨の70年」（文春文庫）
日陰隆著「そして殺人者は野にはなたれる」（新潮文庫）

原田正治著「弟を殺した彼と、僕」（ポプラ社）
読売新聞社会部「死刑」（中央公論新社）
団藤重光著「死刑廃止論」（有斐閣）
免田栄著「免田栄獄中ノート　私の見送った死刑囚たち」（インパクト出版会）
安田好弘著「『生きる』という権利　麻原彰晃主任弁護士の手記」（講談社）
野口善國著「それでも少年を罰しますか」（共同通信社）
平沢武彦・編著「平沢死刑囚の脳は語る　覆された帝銀事件の精神鑑定」（インパクト出版会）
平野啓一郎著「死刑について」（岩波書店）
ジャン＝マリ・カルバス著「死刑制度の歴史」吉原達也／波多野敏訳（白水社）
小日向将人　山本浩輔著「死刑囚になったヒットマン　『前橋スナック銃乱射事件』実行犯・獄中日記」（文藝春秋）
高坂節三著「経済人からみた日本国憲法」（ＰＨＰ新書）
河相一成著「市民の、市民による、市民のための日本国憲法論」（光陽出版社）
半藤一利、保阪正康著「憲法を百年いかす」（筑摩書房）
寺井一弘／伊藤真／小西洋之著「平和憲法の破壊は許さない　なぜいま、憲法に自衛隊を明記してはならないのか」（日本評論社）
小西豊治著「憲法『押しつけ』論の幻」（講談社現代新書）
池上彰著「池上彰の憲法入門」（ちくまプリマー新書）
塩田純著「９条誕生　平和国家はこうして生まれた」（岩波新書）

参考文献

日本ペンクラブ編「憲法についていま私が考えること」（角川書店）
鈴木琢磨編著「日本国憲法の初心　山本有三の『竹』を読む」（七つ森書館）
旗手啓介著「告白　あるPKO隊員の死・23年目の真実」（講談社）
江橋崇著「日本国憲法のお誕生　その受容の社会史」（有斐閣）
ベルタ・フォン・ズットナー著「武器を捨てよ！」ズットナー研究会訳（日本出版社）
田中伸尚著「憲法九条の戦後史」（岩波書店）
久田栄正＋水島朝穂著「一憲法学者のルソン島戦場体験　戦争とたたかう」（日本評論社）
品川正治著「手記　反戦への道」（新日本出版社）
職場の歴史をつくる会編「職場の歴史」（河出新書）
佐高信著「新・佐高信の政経外科　安倍『日本会議』政権と共犯者たち」（河出書房新社）
同　「新・佐高信の政経外科　自公政権お抱え知識人徹底批判」（河出書房新社）
同　「この人たちの日本国憲法　宮澤喜一から吉永小百合まで」（光文社）
同　「安倍政権の10の大罪」（毎日新聞社）
同　、朝堂院大覚著「日本を売る本当に悪いやつら」（講談社＋α新書）
樋口陽一著「いま、憲法は『時代遅れか』＜主権＞と＜人権＞のための弁明」（平凡社）
同　「個人と国家―今なぜ立憲主義か」（集英社新書）
美尚中著「美尚中の政治学入門」（集英社新書）
多湖淳著「戦争とは何か　国際政治学の挑戦」（中公新書）
立石泰則著「戦争体験と経営者」（岩波新書）

上野千鶴子著「ニッポンが変わる、女が変える」（中央公論社）
半藤一利著、井上亮編「いま戦争と平和を語る」（日本経済新聞出版社）
三上知恵著「証言　沖縄スパイ戦史」（集英社新書）
赤塚不二夫、永井憲一著「『日本国憲法』なのだ！」（草土文化）
新海均著「満州集団自決」（河出書房新社）
城戸久枝著「あの戦争から遠く離れて」（情報センター出版局）
山川泰邦著「秘録沖縄戦記」（沖縄グラフ社）
ノーマ・フィールド著「天皇の逝く国で」大島かおり訳（みすず書房）
曽野綾子著「沖縄戦・渡嘉敷島集団自決の真実　日本軍の住民自決命令はなかった！」（ワック）
同　「ある神話の背景　沖縄・渡嘉敷島の集団自決」（文藝春秋）
同　「切りとられた時間」（中央公論社）
成田龍一著「『戦争体験』の戦後史　語られた体験／証言／記憶」（岩波書店）
山崎行太郎著「保守論壇亡国論」（K&Kプレス）
適菜収×山崎行太郎「エセ保守が日本を滅ぼす」（K&Kプレス）
村山治著「安倍・菅政権vs検察庁　暗闘のクロニクル」（文芸春秋）
伊藤真著「やっぱり九条が戦争を止めていた」（毎日新聞社）
安岡章太郎著「僕の昭和史」（新潮文庫）
山本章子著「日米地位協定　在日米軍と『同盟』の70年」（中公新書）
青井未帆著「憲法と政治」（岩波新書）

参考文献

長谷川正安著「日本の憲法」（岩波新書）
渡辺治著「憲法9条と25条・その力と可能性」（かもがわ出版）
田中伸尚著「自衛隊よ、夫を返せ！」（現代書館）
同　「憲法九条の戦後史」（岩波新書）
谷口優子著「尊属殺人が消えた日」（筑摩書房）
門田隆将著「裁判官が日本を滅ぼす」（新潮文庫）
木村草太著「木村草太の憲法の新手」（沖縄タイムス社）
同　「自衛隊と憲法　これからの改憲論議のために」（晶文社）
長谷部恭男、石田勇治著「ナチスの『手口』と緊急事態条項」（集英社新書）
鎌田慧著「言論の飛礫　不屈のコラム」（同時代社）
同　「反逆老人は死なず」（岩波新書）
土屋繁著「日本を決めた政治家の名言・妄言・失言」（角川書店）
木下厚著「政治家失言・放言大全　問題発言の戦後史」（勉誠出版）
朝堂院大覚著「朝堂院大覚の生き様」（説話社）
半田滋著「日本は戦争をするのか――集団的自衛権と自衛隊」（岩波新書）
白川敬裕著「憲法がヤバい」（ディスカヴァー携書）
樋口陽一、小林節著「『憲法改正』の真実」（集英社新書）
中野晃一、福島みずほ著「嘘に支配される日本」（岩波書店）
荻野富士夫著「『治安維持法の歴史1』治安維持法の『現場』　治安維持法事件はどう裁かれたか」

（六花出版）
ＮＨＫ「ＥＴＶ特集」取材班著、荻野富士夫監修「証言治安維持法『検挙者10万人の記録』が明かす真実」（ＮＨＫ出版新書）
纐纈厚著「戦争と弾圧　三・一五事件と特高課長・纐纈弥三の軌跡」（新日本出版社）
朝日新聞「新聞と戦争」取材班「新聞と戦争」（朝日新聞出版）
瀬戸内寂聴・堀江貴文「生とは、死とは」（角川新書）
野坂昭如著「シャボン玉日本」（毎日新聞社）
金子勝著「平成経済　衰退の本質」（岩波新書）
平岡秀夫・海渡雄一共書「新共謀罪の恐怖　危険な平成の治安維持法」（緑風出版）
内田博文著「治安維持法と共謀罪」（岩波新書）
同　「刑法と戦争　戦時治安法制のつくり方」（みすず書房）
安保法制違憲訴訟の会編「私たちは戦争を許さない　安保法制の憲法違反を訴える」（岩波書店）
清水勇男著「特捜検事の『証拠と真実』」（講談社）
人文社会系学協会連合連絡会編著「私たちは学術会議の任命拒否問題に抗議する」（論創社）
佐藤学、上野千鶴子、内田樹編「学問の自由が危ない　日本学術会議問題の深層」（晶文社）
太田光・中沢新一著「憲法九条を世界遺産に」（集英社）
中村哲著「アフガニスタンで考える　国際貢献と憲法九条」（岩波ブックレット）
中村哲、澤地久枝著「人は愛するに足り、真心は信ずるに足る　アフガニスタンとの約束」（岩波書店）

高遠菜穂子著「命に国境はない　紛争地イラクで考える戦争と平和」（岩波ブックレット）
豊下楢彦・古関彰一著「集団的自衛権と安全保障」（岩波新書）
高橋哲哉・斎藤貴男編・著「憲法を変えて戦争へ行こう　という世の中にしないための18人の発言」（岩波ブックレット）
小林節、樋口陽一著「『憲法改正』の真実」（集英社新書）
フランク・パヴロフ著「茶色の朝」ヴィンセント・ギャロ絵　藤本一勇訳（大月書店）

＜著者略歴＞

奥薗　守（おくぞの　まもる）

1932年、水原生まれ。中央大学卒。総理府恩給局を経て、オートスライドプロダクションに入社。退職後、教育及び産業関係の映画、ビデオ、オートスライド等のプロデュースや監督を手がけシナリオを多数執筆。他に日活映画『ハイティーンやくざ（監督・鈴木清順）』やテレビ『われら青春（監督・森川時久）』などのシナリオ。著書に「狂気のなかにいた役者　川谷拓三伝」（映入社）「『バカ』と『憲法』」「戦争と憲法の見方・考え方」（栄光出版社）ほか。スライド作品では文部省選定や文部大臣賞受賞。日本放送作家協会、日本脚本家連盟所属。

「戦争」を知らないあなたへ

令和六年十一月一日　第一刷発行

検印省略

著　者　奥《おく》薗《ぞの》　守《まもる》
発行者　石澤　三郎
発行所　株式会社　栄光出版社
〒1400002東京都品川区東品川1の37の5
電　話　03（3471）1235
FAX　03（3471）1237

印刷・製本　モリモト印刷㈱

ISBN978-4-7541-0187-9